Kayvan Soufi-Siavash

Die Macht der Propaganda

Wie Sozial- und Verhaltensforschung im Auftrag der Eliten die Demokratiesimulation organisieren

SOUFISTICATED

Weitere Informationen und Quellen sowie Leseempfehlungen zu den in diesem Buch besprochenen Themen finden Sie auf der stets aktuell gehaltenen Webseite:

https://soufisticated.net/die-macht-der-propaganda

Oder Sie scannen nebenstehenden QR-Code, um die Seite aufzurufen.

Veröffentlicht von:

KRASSER GURU

Krasser Guru GbR
Kiebitzpfad 20 | 65933 Frankfurt
buecher@krasser.guru | www.krasser.guru

Umschlaggestaltung: Björn Gschwendtner

Inhalt

Vorwort

Dieses Buch basiert auf dem vier Stunden langen Vortrag *Angst essen Freiheit auf – Die Macht der Propaganda*, mit dem ich lange im deutschsprachigen Raum auf Tour war. Dabei handelte es sich um eine Art Sonderausgabe des ehemaligen KenFM-Medienmagazins *Me, Myself and Media*, kurz MMM genannt.

In jeder der rund 60 Ausgaben MMM ging es darum, die Politik der letzten Wochen so zusammenzufassen, dass der Zuschauer nicht nur Teile des Puzzles, sondern das ganze Bild erkennen konnte. Es ging darum, den Bürger in die Lage zu versetzen, Politik und vor allem Geopolitik zu verstehen. Es ging darum, ihm die Möglichkeit zu verschaffen, die Muster der Macht in Zukunft selbstständig zu erkennen.

In dem Vortrag *Angst essen Freiheit auf – Die Macht der Propaganda* geht es darum, dem Leser aufzuzeigen, wie Kontrolle organisiert und damit ausgeübt wird. Es geht um die Sichtbarmachung vor allem von unsichtbaren Verhaltensmustern, die in jedem Menschen angelegt sind und die konkret manipuliert werden können. Das passiert jeden Tag überall auf der Welt, denn überall wird das Konzept »Staat« angewendet. In jedem Staat haben die Herrschenden, die Spitze der Pyramide, vor allem daran Interesse, dass sich an ihrer erhabenen Position im Staate selbst nichts ändert. Damit dieses Interesse umgesetzt werden kann, existiert in jedem Staat ein eigens dafür angelegter Apparat, dessen einziges Ziel es ist, die Kontrolle über die aktuelle Hierarchie zu erhalten. Kontrolle ist das Betriebssystem einer jeden Regierung und diese Kontrolle ist umso effektiver, je subtiler sie ausgeübt wird. Daher haben sich vor allem demokratisch organisierte Staaten auf die soziale Kontrolle, auch *»soft power«* genannt, verlegt. Sie ist deutlich billiger als ein sogenannter Polizeistaat *(»hard power«)* – und sie ist deutlich effektiver, da diese Form der Machtausübung die bereits im Menschen angelegte soziale DNA bedient.

Kein Mensch mag es, von seiner Familie, seiner Gruppe, seinem Stamm oder seinem Umfeld isoliert zu werden. Da die Sozialwissenschaften diesen Umstand seit über einhundert Jahren im Auftrag der sogenannten Eliten erforschen, wissen sie exakt, auf welche Knöpfe sie drücken müssen, um das vermeintlich unabhängige Individuum auf Linie zu bringen. In der Tat, auch – oder gerade – in Demokratien würde ohne soziale Kontrolle der Massen nichts so ablaufen, wie wir es seit Jahrzehnten staunend zu Kenntnis nehmen: Alle Macht geht dem Volke aus.

Der Souverän, also das Volk, hat am Ende des Tages kaum etwas zu melden. Die Mächtigen bleiben weitgehend unter sich und speisen uns mit der Möglichkeit ab, alle vier Jahre Personen als unsere Stellvertreter zu wählen, die vor allem die Interessen dieser sog. *Oberen Zehntausend* vertreten.

Wir wählen im Grunde immer wieder die Enttäuschung: Sie dauert vier Jahre an und geht dann in die Wiederholung, ganz egal, welcher Partei wir unsere Stimme geben. Dass wir uns mit dieser Farce abfinden, ist der eigentliche Erfolg der Macht. Sie ist also nur deshalb so effektiv, weil sie uns sozial unter Kontrolle gebracht hat, ohne dass es dem Einzelnen groß aufgefallen wäre. Wäre es anders, hätte es längst einen großen Aufstand geben müssen, eine Revolte, eine Revolution. Aber das Gegenteil ist der Fall. Nie waren die Menschen so sediert wie heute – **das** ist Kontrolle, soziale Kontrolle. Wer bisher glaubte, Kontrolle gäbe es nur in Diktaturen, wurde über Jahre erfolgreich getäuscht.

Ich möchte den Leser in den kommenden Kapiteln *ent- täuschen*, also die Täuschung auflösen.

Gerade in den sogenannten *»offenen Gesellschaften«* würde ohne diese subtile Kontrolle niemals der Wille jener ausgeführt, die mehr zu sagen haben als Sie oder ich – und ja, die gibt es! Wir nennen sie verharmlosend *Entscheidungsträger, opinion leader, Spitzenpolitiker, Philanthropen*, meistens aber einfach *Experten.* So tanzen wir am Ende des Tages mehr oder weniger nach der Pfeife derer, die über uns stehen, an der Spitze der Machtpyramide. Wer dort oben residiert, versteht sich als *Elite.* Es handelt sich jedoch um eine selbst ernannte Elite, denn wir haben sie nicht klassisch gewählt und können sie daher auch nicht klassisch abwählen. Diese sehr kleine Personengruppe ist wie ein Clan organisiert und agiert international vernetzt. Die Gesetze, die für Sie und mich gelten, werden von dieser Elite bestimmt, gelten aber nicht für sie selber. Im Kern geht es den Eliten immer darum, Gefolgschaft zu organisieren.

Wir, die Bürger, sollen möglichst ohne Nachfragen *(»diese Regeln dürfen niemals hinterfragt werden«)* sämtlichen staatlichen Anweisungen folgen. Doch diese Anweisungen werden vom Staat nur durchgereicht, nicht aber erdacht. Daher gilt z.B. die CO_2-Besteuerung zwar für alle möglichen Fahrzeuge und Anlagen, nicht aber für Luxusyachten und Privatjets.

Auch das, was uns die Eliten aktuell als neue Form der Freiheit verkaufen, ist nichts anderes als eine Selbstzensur. Unsere sogenannte Freiheit besteht vor allem darin, freiwillig einzusehen, dass Freiheit immer dann, wenn wir sie gerne in Anspruch nehmen würden, leider zu gefährlich ist. Zur Begründung ruft der Staat dann eine zeitlich nicht genau definierte Demokratiepause aus, gern auch als Ausnahmezustand bezeichnet, das klingt dramatischer.

Die Bevölkerung schluckt diesen Bluff in der Regel ohne Widerspruch, egal wie absurd die jeweiligen Begründungen zur Krise lauten. So reicht oft bereits eine Prise Angst und schon halten die Menschen bereitwillig die Käfigtür von innen selber zu. Damit die Lenkung der eingeschüchterten Bürger möglichst reibungslos funktioniert, behandelt der Staat – oder besser: die Spitze der Pyramide

– uns, die Bürger, die Untertanen, am liebsten als *Masse.* Das ist kein Zufall, sondern das Ergebnis akribischer verhaltensbiologischer Forschung, denn Massen haben ihre ganz eigenen Gesetze.

Sie üben Druck auf den Einzelnen aus und sorgen dafür, dass der Einzelne sich der Masse unterordnet. Damit diese Technik der Manipulation möglichst reibungslos und vor allem vom Bürger unerkannt funktioniert, wird die Masse vom Staat über die zahlreichen *Massenmedien* permanent bearbeitet. Dies geschieht, ohne dass der Einzelne sich dagegen wehren könnte, denn wo er auch geht und steht, überall wartet bereits irgendeine Botschaft darauf, in sein Unterbewusstsein einzudringen.

Arthur Schopenhauer brachte es auf den Punkt, als er schrieb: *»Der Mensch kann zwar tun, was er will. Er kann aber nicht wollen, was er will.«*

Denn das Unterbewusstsein eines jeden Menschen arbeitet unabhängig von seinem Willen. Es ist im eigentlichen Sinne autonom gegenüber dem, was der Mensch für seinen Willen hält. Letzterer ist in Wahrheit eine längst getroffene Entscheidung seines Unterbewusstseins und wird ihm unmerklich von diesem diktiert. Die von den Eliten finanzierte Verhaltenspsychologie hat die Macht des Unterbewusstseins genauestens erforscht und über Dekaden eine ganze Reihe von Manipulationstechniken entwickeln lassen. Das Ziel war stets, die Masse mittels subtiler Gehirnwäsche z.B über Massenmedien in jede gewünschte Richtung manövrieren zu können. Es geht im Kern um die Kontrolle der *Narrative*, also der vorherrschenden Erzählungen. Die Eliten sorgen seit Jahrzehnten dafür, dass wir zu jedem relevanten Thema stets eine für sie vorteilhafte Haltung übernehmen – ihre Haltung.

Nehmen wir das Beispiel Opposition. Ohne Opposition keine Demokratie, das weiß jedes Kind. Und dennoch wird uns von den vielen Medien, egal ob staats- oder konzernnah, permanent das Bild verkauft, dass jeder, der die Regierung kritisiert, ein Feind der Demokratie sei. Er würde den Staat delegitimieren und müsse mit allen Mitteln bekämpft werden. Widerspruch, so das aktuelle Narrativ, ist *rechts*. Nicht gleich rechts*radikal*, aber mindestens am rechten Rand. Demokratie und/oder Staat müssen demnach *links* sein. Und offenbar können sie mittlerweile bequem ohne Gegenpol auskommen. Ganz so wie einstmals auch die SED-Demokratie, mit Einheitspartei und Einheitsstandpunkt – dem Elitenstandpunkt.

Um diese und andere absurde Ideologien in die Köpfe der Bürger zu bekommen, haben die Eliten seit der Erfindung der Sozialwissenschaft gegen Ende des 19. Jahrhunderts unendlich viel mehr Geld ausgegeben als für den Bau der Atombombe. Eine überaus erfolgreiche Investition in die Erforschung der Massen und deren Dressur, die auch heute noch jeden Tag weitergeht. Die Gehirnwäsche dauert an und ist überall präsent.

Sobald der Bürger etwa sein Mobiltelefon in die Hand nimmt, um kurz zu checken, was in der Welt los ist, betritt er das Reich der Propaganda, welche sein Surfverhalten kennt und ihn mit entsprechenden Narrativen auf Spur hält. Dank KI werden die Gitterstäbe dieses modernen Gedankenkäfigs immer stabiler und stehen immer dichter beieinander.

Halten wir fest, der Weg der Manipulation führt stets über das Unterbewusstsein. Nur wer sich dessen bewusst ist, hat eine Chance, diesen biologischen Mechanismus, diese innere Struktur zu erkennen, um dann entsprechend gegenzusteuern. In Friedenszeiten nennt man die Technik der Manipulation unseres Unterbewusstseins verharmlosend *Werbung*.

Werbung ist nur ein anderes Wort für *Propaganda*.

Sie bringt Millionen Menschen täglich dazu, sich mit Nervengiften wie Alkohol, Koffein oder Tabak »freiwillig« selber zu schwächen. Derart vorgeschwächte Menschen sind leichter unten zu halten, verstärkt dann z.B. durch die Unterhaltungsindustrie – ich nenne sie gern *Unte**N**haltungsindustrie* – und ihre Filme, die vollgestopft sind mit manipulativen Botschaften. Sie werden direkt in unserem Unterbewusstsein geparkt und können auf Knopfdruck aktiviert werden, wenn es darum geht, die Masse in eine ganz bestimmte Ecke, oder besser: Falle zu locken. Neudeutsch wird das *Nudging* genannt und gern mit *»Anstupsen«* übersetzt – in Wahrheit bedeutet es **Nötigung**.

Dass das Covid-Regime über Nacht und ohne nennenswerten Widerstand die Masse dazu bringen konnte, die absurdesten Maßnahmen zu akzeptieren oder sich freiwillig in Einzelhaft (neudeutsch: home office) zu begeben, war kein Zufall. Hier handelte es sich im Endergebnis um perfekt abgestimmte psychologische Kriegsführung. Dieser Krieg wurde nicht angekündigt. Er wurde ohne Ihr Wissen schon vor Jahrzehnten begonnen und läuft permanent.

Im Fall von Corona wurde die Masse über Jahre unterbewusst auf eine Bedrohung durch Viren vorbereitet und hatte so längst verinnerlicht, wie sich in so einem Fall zu verhalten sei. Hollywood hat uns über Jahrzehnte vorsätzlich dressiert. Wir alle wurden schon Jahre vor Covid durch die Unterhaltungsindustrie auf eine solche Krise *gedrillt*. Drill bedeutet: Handeln ohne zu denken und ohne nachzufragen.

In den letzten 15 Jahren wurden rund 350 Filme *Made in Hollywood* veröffentlicht, deren Story zusammenfassend so aussah: Ein Killervirus attackiert die Menschheit.

Zunächst befällt dieses Virus nur wenige. Es wird unterschätzt, doch es gibt erste Warner. Keiner hört auf sie. Als die tödliche Wirkung nicht mehr zu übersehen ist, übernimmt eine Handvoll Autoritäten in weißen Kitteln das Land und wird dabei im Hintergrund vom Militär unterstützt. Die Menschen haben Angst und ganze Metropolen werden in den Lockdown geschickt. Nächtliche

Ausgangssperren und das Tragen von Masken werden zur Normalität.

Die Masse akzeptiert diese verbindlichen Ansagen einer Notstandsregierung, die über Nacht die parlamentarische Demokratie kassiert hat. Schließlich geht es um das Überleben der Menschheit – doch das Sterben geht weiter. Unter Hochdruck versuchen Experten, einen Impfstoff zu entwickeln, während sich auf den Straßen die Leichen stapeln. Am Ende überleben nur diejenigen, die sich zuvor absolut gehorsam verhalten haben und die das Glück hatten, noch rechtzeitig an eine Spritze mit dem neuen Impfstoff zu kommen.

In Hollywood konnte die von Viren attackierte Welt in den letzten 15 Jahren schon x-mal gerettet werden. Aber eben nur durch eine autoritäre Regierung, welche die Demokratie kassiert und das Militär schickt. Die Helden dieser Storys sind Mediziner, autoritäre Politiker und Pharmakonzerne, die im Kino wie im richtigen Leben bereit sind, einen Vertrag mit dem Staat zu schließen, der sie von sämtlichen Schadensersatzansprüchen befreit.

Wer diese Geschichten über Jahre im Kino konsumiert, verhält sich später im richtigen Leben genau wie die Darsteller dieser Untergangsszenarien. Das ist kein Zufall, denn das Verhalten wurde ihnen über das Kino quasi aufgespielt – unterbewusst, versteht sich.

Die Corona-Maßnahmen waren vor allem ein Gehorsamsexperiment im öffentlichen Raum, ermöglicht durch bezahlte Akteure, welche die Massen manipuliert haben: Handeln nach Drehbuch. Alles was die Planer solcher Szenarien sicherstellen müssen ist, dass die Masse den entsprechenden, schlafenden Programmierungen nicht entkommen kann. Also werden wir alle über Jahre permanent mit auf die Zukunft abgestimmten Verhaltensmustern dressiert.

Fernsehen an – Verstand aus.

Während die meisten dieser Hollywood-Streifen mit ihren versteckten Sub-Botschaften von unserem Bewusstsein nicht erinnert werden können, vergisst unser Unterbewusstsein nichts – niemals. Es speichert ALLES seit unserer Geburt und reagiert innerhalb von 200 Millisekunden. Das ist so schnell, dass uns allenfalls die Ergebnisse dieser Operationen bewusst werden, nicht aber der Weg dahin.

Um aus dieser Datenwolke die für das Überleben relevanten Informationen herauszufiltern sucht das Unterbewusstsein nach Mustern. Muster entstehen durch Wiederholung und erkannte Muster werden von unserem Unterbewusstsein dann als *wichtig* gekennzeichnet. Je häufiger so ein Muster auftritt, desto höherwertiger wird es von unserem Unterbewusstsein bewertet.

Auch setzt das Unterbewusstsein auf die Masse, um uns als Individuum an ihr auszurichten. Diese biologische

Statistikerhebung soll unser Überleben sichern, denn in der Masse ist das Individuum sicherer als allein. Das ist wie bei einer Schafherde. Käme ein hungriger Wolf vorbei, wäre die Gefahr für das einzelne Tier umso geringer, je größer die Herde ist. Stünde nur ein einziges Tier auf der Wiese, würde der Wolf sich eben dieses schnappen.

Was sich zudem ständig wiederholt, gilt für unser Unterbewusstsein als sicher, dahingehend dass es sich als Orientierung in der Krise eignet. Was wir wissen sollten: Unser Unterbewusstsein kann zwischen Fiktion und Realität, zwischen wahr und falsch nicht unterscheiden. Es zählt nur, *was* der Mensch an Informationen konsumiert. Dadurch ist es möglich, das Unterbewusstsein über die dauerhafte Wiederholung von Botschaften zu manipulieren. Man nennt diese Art der Manipulation *schlafende Programmierung*. Sie ist sehr gut erforscht und ein wesentlicher Bestandteil der Macht, die dadurch »wie von Geisterhand« an der Macht bleibt! Das ist der Grund, weshalb sich gefühlt nie etwas ändert, egal, welche Partei wir wählen oder welchem Trend wir aktuell folgen. Die Masse folgt in der Regel zu allen Belangen einem zuvor aufgespieltem Verhaltensmuster. Damit handelt die Masse wie von unsichtbarer Hand gelenkt. Schlafende Programmierungen können über Jahre überall und subtil an die Masse verabreicht werden, um zu einem ganz bestimmten Zeitpunkt ein ganz bestimmtes Verhalten auszulösen.

Dass der Bürger nichts davon ahnt, was andere vorher mit seinem Unterbewusstsein veranstaltet haben, damit er später so handelt wie diese es wünschen, macht besagte Manipulationstechnik so unglaublich effektiv und reizvoll für die Machteliten. Das komplette Spielfeld der Macht, der gesamte Machtapparat, und vor allem der Ausgang des Spiels, alles ist längst in jedem Detail voreingestellt. Es kann also jederzeit beginnen. Jedes Rädchen ist längst an einer zuvor installierten Position und folgt hier seiner inneren Programmierung.

Als Booster dieses zuvor aufgespielten Verhaltensmusters eignet sich nichts besser als Verwirrung und Angst. Verwirrte, ängstliche und damit orientierungslose Menschen richten sich von Natur, also unbewusst, an der zuvor durch Propaganda manipulierten Masse aus. Auch wenn es Sie möglicherweise beleidigt: Der Mensch ist und bleibt ein soziales Wesen, somit ein Herdentier. Und diese Herde, die Masse, handelt nur in den seltensten Fällen individuell und autonom.

»Der Verstand sinkt mit der Masse der Versammelten« schrieb schon Gustave Le Bon in seinem 1895 in Paris erschienenen Standardwerk *»Psychologie der Massen«*.

In der Masse gibt der Einzelne für gewöhnlich seine private Perspektive auf und handelt wie sein manipulierter Nachbar. Für uns alle gilt: Die Herde ist alles. Und diese Masse hat Macht über den Einzelnen, denn sie übt Gruppendruck aus. Teil einer Herde zu sein, entspricht der menschlichen Natur. Der Mensch gerät in Panik, wenn man ihn aus dieser für ihn natürlichen Umgebung, der Herde heraus drängen will. Um das unter allen Umständen zu vermeiden, passt er sich an, er gehorcht – um unbedingt Teil der Gruppe zu bleiben.

Heute wird daher vor allem mit Angst regiert. Angst, die permanent künstlich, also mit Vorsatz, erzeugt wird. Wir haben Angst vor arabischen Terroristen, Angst vor den Russen, Angst vor dem nächsten Virus. Und natürlich Angst vor dem Klimawandel.

Der Klimawandel geht komplett auf das Konto des Menschen. So sagen es seit Jahren alle Experten, oder treffender: alle, denen man im öffentlichen Raum das Wort erteilt. Wer nur einen Hauch des Zweifels an dieser These äußert, z.B die wechselnde Aktivität der Sonne als einen weiteren Grund für die Temperaturschwankungen nennt, fällt unmittelbar in Ungnade. In der aktuellen Ausgabe der Demokratie 2.0 gibt es zu jedem relevanten Thema nur noch eine zulässige Meinung. Ich meine, der einzige Klimawandel, der nachweisbar zu 100% auf das Konto des Menschen geht, ist der *politische Klimawandel.*

Und damit kommen wir zum Kern dieses Buches. Es soll dem Leser die Augen über die zahlreichen Techniken der Manipulation der Massen öffnen, die nur ein Ziel haben: Gefolgschaft zu organisieren.

In der Natur ist die Idee, Gefolgschaft zu organisieren, ebenfalls nicht neu – im Gegenteil.

Sie verfolgt dabei unterschiedliche Ansätze und diese in der Tierwelt funktionierenden Konzepte funktionieren auch erstaunlich gut bei der Spezies Mensch. Um unsere eigene Natur zu erkennen, sollten wir uns daher mit diesen Mechanismen beschäftigen.

Fangen wir am besten bei den Tieren an.

Kapitel 1 - Tiere

1. Ameisen

Stellen wir uns einen Ameisenhaufen vor, in dem Millionen Tiere zusammenleben. In einem Ameisenstaat zählt das WIR. Das einzelne Tier hat sich unterzuordnen. Es ist von seinem biologischen Konzept her gar nicht in der Lage, sich zu emanzipieren und den Aufstand zu wagen. Ameisen kennen keine Revolution, keinen Klassenkampf, keine Konkurrenz. Sie sind so gut organisiert, weil sie dieses Konzept über Millionen Jahre perfektioniert haben.

Was eine einzelne Ameise niemals schaffen würde, nämlich allein im Wald zu überleben, gelingt den Tieren im Kollektiv: durch maximale Zusammenarbeit. Im Ameisenstaat kennt jede Ameise ihren Platz. Den sucht sie sich nicht selber aus, er wird ihr von der Natur vorgegeben. Es gibt auch keine freie Berufswahl. Man wird als Arbeiter, Soldat oder Königin geboren und bleibt das sein Leben lang. Abstieg oder Aufstieg existieren nicht. Sämtliche dieser Positionen sind starr und nicht verhandelbar. Keine Ameise möchte sich selbst verwirklichen, mal was völlig anderes machen oder früher in Rente.

Ameisen arbeiten – das ist ihr Leben. Sie haben keine Hobbys, keine Freizeit und sie müssen sich auch nicht von der ganzen Schufterei erholen, denn keine Ameise macht Überstunden oder fährt Sonderschichten gegen ihre innere biologische Uhr.

Daher brauchen diese Tiere auch keine Gewerkschaft – sie sind schon sozial. Asoziale Ameisen, die ihre Position ausnutzen, um sich den Lenz zu machen, während der Rest sich tot schuftet, gibt es nicht. Keine Ameise muss im Alter unter der Brücke schlafen oder sehen, wie sie über die Runden kommt. Ameisen verstehen sich als Einheit und verteidigen sich im Team, wenn sie angegriffen werden. Wer einmal versucht hat, seine Hand auf einen Ameisenhaufen zu legen, wird wissen, wie die Tiere reagieren. Sie greifen den Eindringling im Kollektiv an. Ameisen leben nach dem Gesetz der Natur.

Dieses Gesetz heißt *Kooperrenz.*

Der Begriff steht nicht im Duden – noch nicht. Ich benutze ihn für die intelligente Kombination von Kooperation und Konkurrenz.

Ich behaupte, das ist, was Darwin mit *survival of the fittest* wirklich meinte. In der Natur setzt sich nicht der übelste Schurke durch, sondern der, der sich sozial am verträglichsten verhält.

Der Schriftsteller *Jean Cocteau* brachte es mal auf den Punkt, als er sagte: *»Man muss wissen, bis wohin man zu weit gehen kann.«* Und bis auf den Menschen wissen das auch alle Lebewesen. Ameisen würden nie auf die Idee kommen, Ameisengift zu entwickeln um damit andere Ameisenhaufen anzugreifen und im Anschluss die Kontrolle über den kompletten Wald zu übernehmen. So etwas tut nur der Mensch.

Der Mensch macht aus Wald *Forst*, um »Ordnung« in den Wald zu bringen. Sie dient jedoch allein der kommerziellen Nutzung der Waldfläche. Moderne Holzerntemaschinen sollen in diesem vom Menschen gestalteten »Nutzwald« möglichst effizient Bäume verarbeiten können. Es geht somit ausschließlich um Profit.

2. Zugvögel

Kommen wir zu den Nachfahren der Dinosaurier, den Vögeln und wenden wir uns hier speziell den Zugvögeln zu.

Zugvögel wissen instinktiv, wann es Zeit wird, z.B. nach Afrika zu fliegen. Sie diskutieren nicht untereinander über die Flugstrecke oder ziehen es in Erwägung, ob sie nach 20.000 Jahren Europa-Afrika und zurück in der kommenden Saison wegen der Abwechslung mal woanders hinfliegen sollten. Zugvögel bleiben nicht aus Solidarität zuhause und sie landen auch in Ländern, die der vom Menschen ausgerufenen »Achse des Bösen« angehören und daher sanktioniert werden.

Zugvögel fliegen generell in Formation. Sie nutzen den Windschatten ihres Vordermannes und wechseln sich dabei an der Spitze ab. Das ist effizient und klug, denn so können alle Tiere die hohe Reisegeschwindigkeit halten und kommen am Ziel auch an.

Zugvögel brauchen kein *Google Maps*. Sie kennen ihre individuellen Flugrouten instinktiv. Sie reisen und leben in Schwärmen. So minimieren sie das individuelle Risiko, auf ihrer Reise Opfer anderer Raubvögel zu werden.

Zugvögel kennen kein *home office*, scheren sich nicht um die Warnungen der WHO – und sind damit vollkommen problemlos durch die Corona-Zeit geflogen.

Zugvögel sind soziale Wesen. Sie nutzen ihre Vogelperspektive nicht aus, um andere Vögel aus der Luft mit Steinen zu töten oder deren Nester und die darin befindlichen Eier zu zerstören. Technisch wären die Tiere dazu in der Lage, aber Zugvögel machen nicht alles, was ihnen technisch möglich ist.Nur Menschen tun so etwas – und stürzen dabei immer häufiger ab.

3. Wölfe

Wölfe leben in Rudeln. In einem Wolfsrudel herrscht eine strenge Hierarchie, eine soziale Rangordnung. Wölfe sind *team player*.

Der Wolf, der das Rudel anführt, der Alpha-Wolf, bekleidet seine Führungsposition nicht, weil er über gute Kontakte verfügt, kaum Englisch spricht oder in seiner sexuellen Identität unentschlossen ist.

Er ist auch nicht der Alpha-Wolf geworden, weil er auf allen anderen Positionen in anderen Rudeln schon komplett versagt hat. In einem Wolfsrudel ist kein Anführer degeneriert oder wirkt scheintot. Wölfe verfügen untereinander über eine natürliche Beißhemmung. Das bedeutet auch, die Tiere treten niemals nach.

Jeder Alpha-Wolf hat sich seine Position erkämpft und wird sie erst los, wenn er sich dort irgendwann als zu schwach erweist.

Unter Wölfen gibt es weder Lobbyismus noch Korruption. Wer das Rudel anführen will, muss das wirklich können, er muss *führen* können, jeden Tag. Ein Alpha kann kein Baerbock sein, das Rudel würde ihn nie akzeptieren. Sein Anteil an einer Beute ist nie obszön, sondern stets angemessen. Zudem ist die Hierarchie der Wölfe für jeden Wolf im Rudel transparent. Ein abgewählter Alpha-Wolf kann nie wieder in sein Amt zurückkehren.

Er würde auch nie auf die Idee kommen, nach erfolgreicher Jagd noch weitere Rentiere nur deshalb töten zu lassen, damit für andere Rudel in der Umgebung weniger zu beißen bleibt und diese es schwerer haben, zu überleben.

Wölfe genießen beim Menschen jedoch einen schlechten Ruf. Sie gelten in den Augen der meisten Menschen als Bestien, wie die meisten Tiere, die sich verteidigen, wenn sie angegriffen werden.

Kapitel 2 - Der Mensch

Ein Mensch kommt nie alleine auf die Welt. Bis zum heutigen Tag sind an einer Geburt mindestens zwei Menschen beteiligt: Die Mutter und ihr Kind. Die Mutter-Kind-Bindung ist in der Natur die stabilste Verbindung, die es gibt. Nicht umsonst gibt es das geflügelte Wort von der Mutter, die *»ihre Kinder wie eine Löwin verteidigt«*. Diese Mutter-Kind-Bindung ist ein natürlicher Instinkt, kann aber mit wenig Aufwand korrumpiert werden. Das passiert beim Menschen jeden Tag und wird uns als *Sozialleistung* verkauft, einem Angebot des Staates an seine Bürger. Ist es wirklich eine gute Idee, ein Neugeborenes möglichst früh in eine Kita zu geben, damit es dort *»erzogen«* wird? Von wem eigentlich und nach welchen Kriterien?

Absurd ist es, zu glauben, eine Kita – und sei sie noch so liebevoll ausgestattet – könne die individuelle Liebe einer Mutter ersetzen. Dass Mütter heute wie selbstverständlich ihre Kinder möglichst früh an staatliche Einrichtungen abgeben, ist *Zeitgeist*, eine politische Mode. Diese Mode wird über Gruppendruck realisiert. Kita gilt pauschal als cool. Wer nach der Geburt eines Kindes die ersten Jahre zuhause bleibt, gilt als Hinterwäldler, unemanzipiert und schrullig.

Denn Fortschritt in der Kindererziehung bedeutet vor allem, das eigene Kind möglichst früh beim Staat abzuliefern. Der Staat und seine »Experten« kümmern sich, denn Mütter sind keine Experten! Mütter sind, streng genommen, Laien und nur selten ausgebildete Sozialpädagoginnen. Es ist daher heute die große Ausnahme, dass ein Kind die prägendsten ersten drei Jahre vor allem bei seiner Mutter zuhause verbringt. Allgemeine Überzeugung ist heute, dass ein Kind möglichst rasch mit anderen Kindern zusammengebracht werden soll, damit es sich sozial entwickelt. Ohne diesen möglichst frühen Vollkontakt in entsprechenden Erziehungseinrichtungen, so der Zeitgeist, kann ein Kind sich nicht wirklich geistig entfalten. Kinder brauchen andere Kinder, Geschwister oder Freunde, das ist unbestritten. Dass Kinder aber pauschal möglichst früh von der Mutter getrennt werden sollten, um sie entsprechenden Einrichtungen zu übergeben, hat in Wahrheit andere Gründe. Die Mutter soll möglichst rasch wieder an die Werkbank und das BIP steigern und das Kind soll möglichst rasch vom Staat und im Sinne des Staates erzogen werden. Die Mutter ist dabei nur im Weg.

Was in der Kita als Erziehung beginnt, ist meistens eine Form von frühestem Drill. Das Kind soll vor allem lernen, zu gehorchen. Es soll auf jede Form von Anweisung automatisiert reagieren. Das Kind lernt im Kern, eine Befehlsstruktur zu akzeptieren. Wer sich widersetzt, wird bestraft. Diese Methode setzt sich später über die Schule bis in das ganze Berufsleben fort. Wir alle wurden und werden von frühester Jugend an »zivilisiert«. Was in den meisten Fällen nichts anderes bedeutet als *gedrillt* und zum ideologischen Gleichschritt gezwungen.

Aber wie kann das passieren?

Es geschieht mit den Erkenntnissen der Sozial- und Verhaltensforschung. Sie hat gegenüber dem einzelnen Individuum einen enormen Vorteil, nämlich über 100 Jahre Vorsprung. Die berühmteste Einrichtung für Sozialforschung in der BRD ist das IfS, das *Institut für Sozialforschung* mit Sitz in Frankfurt. Sein berühmtester Mitarbeiter war der deutsche Philosoph und Sozialforscher Theodor W. Adorno. Seinen Schreibtisch kann man dort noch heute hinter Glas bewundern.

Adorno hat die *Kritische Theorie* begründet und sich über Jahrzehnte mit den beengten Verhältnissen in der BRD beschäftigt. Von ihm stammt der Satz »Es gibt kein richtiges Leben im Falschen«, der heute noch genau so gültig ist, wie seinerzeit. Am IfS formierte sich die gesellschaftstheoretische und ideologiekritische *Frankfurter Schule*, neben Adorno bestehend aus Max Horkheimer, Erich Fromm, Herbert Marcuse und Jürgen Habermas, welche später die 68er-Generation prägte. Diese Leute haben später die grüne Bewegung gegründet und noch später wurde daraus die Partei der Grünen. Man verstand sich als Friedenspartei und war pauschal gegen Imperialismus und Krieg. Heute sind die Grünen, zumindest an ihrer Spitze, weitgehend oliv-grün und arbeiten mit der Siegermacht USA intensiv zusammen. Den Grünen ist es egal, dass die USA sich in der BRD immer noch wie eine Besatzungsmacht benehmen und über US-Basen wie Ramstein völkerrechtswidrige Kriege logistisch erst möglich machen. Der gesamte Drohnenkrieg der USA im Nahen Osten wäre ohne Ramstein nicht möglich. Aber das ist kein Thema für die »Friedens«partei. Wenn die USA Waffenexporte in Kriegsgebiete möchten, fragen die Grünen inzwischen stattdessen »Darf's ein bisschen mehr sein?« Ist diese Nähe der friedensbewegten 68ger zum Imperium USA aber neu?

Tatsächlich war das auch schon beim IfS so. Es verstand sich als Partner der CIA und lieferte bereitwillig Berichte. Im dem Buch *»Im Kampf gegen Nazideutschland« (Raffaele Laudani, Hrsg., Frankfurt am Main 2016)* kann man nachlesen, wie die Mitglieder der Frankfurter Schule ganz offiziell bis 1949 Berichte an die CIA lieferten. Natürlich nur, um zur Entnazifizierung der neuen Republik beizutragen.

Parallel dazu wurden Nazis, die man seitens der USA noch gebrauchen konnte, hofiert und von jeglicher Strafverfolgung ausgenommen. Man erinnere sich nur an General Reinhard Gehlen, der unter Hitler für die *Abteilung Fremde Heere Ost*, also die Weiten Russlands, zuständig war. Anfang 1946 gründete Gehlen die »Organisation Gehlen«, die von seinen braunen Kameraden nur so strotzte und aus der später ganz offiziell der Bundesnachrichtendienst BND wurde – natürlich powered by CIA. Dieser BND, der Auslandsgeheimdienst der BRD, begann somit kraft seiner DNA als russophobe Firma, die von Anfang an nie ein Problem damit hatte, waschechte Vollblutnazis in Schlüsselpositionen zu haben – im Gegenteil.

Zurück zur Frankfurter Schule. Die Zusammenarbeit mit dem amerikanischen Auslandsgeheimdienst geschah aus tiefster Überzeugung. Wie einst Karl Kraus schon bemerkte: »Das Übel gedeiht nie besser, als wenn ein Ideal davor steht«.

Sozialforschung unter der Ägide der CIA ist somit allerdings nie neutral, sondern stets zweckgebunden. Geheimdiensten geht es immer um die vollkommene Kontrolle des Individuums. Dafür ist der Auftraggeber der Geheimdienste, der Staat, im wahrsten Sinne des Wortes bereit, über Leichen zu gehen, regelmäßig auch die Leichen der eigenen Bevölkerung. Die gewonnenen Erkenntnisse werden dann systemübergreifend geteilt. Da gibt es dann null Berührungsängste mit dem ehemaligen Klassenfeind. Man sollte sich etwas eingestehen. Jeder Staat trachtet nach der vollkommenen Kontrolle seiner Bürger, ganz gleich, ob es sich um eine Diktatur oder eine betreute Demokratie handelt.

So landeten z.B die Ergebnisse der KZ-Experimente unter Hitler-Deutschland nach dem Krieg direkt in den USA und wurden dort zusammen mit ebendiesen KZ-Ärzten weiterentwickelt. Man hatte im Rahmen der *Operation Paperclip* Hunderte dieser Kriegsverbrecher verdeckt in die USA ausgeflogen. Im Anschluss betrieben die USA mit diesen »Spezialisten« nicht nur die bekannten Raketenprogramme unter Wernher v. Braun, sondern mit Hilfe von ehemaligen KZ-Folterexperten auch das berüchtigte Programm *MK-Ultra,* bei dem US-Bürger wahllos und ohne deren Wissen zu Versuchskaninchen umerzogen wurden. Die durch die KZ-Forschung gewonnenen Erkenntnisse auch mit Psychodrogen waren der US-Regierung nicht genug. Sie wollte wissen, wie chemische Substanzen auch außerhalb geschlossener Labors wirken würden. Mit welchen Dosierungen man arbeiten müsse, um z.B. russische Großstädte und deren Bevölkerung auszuschalten. Um das herauszufinden, verging man sich einfach an amerikanischen Metropolen.

Anfang der 50er Jahre gab die US-Regierung den US-Geheimdiensten grünes Licht für das Ausbringen hochtoxischer Substanzen, etwa über Schulen in Minneapolis, um im Anschluss daran die schädigende Wirkung auf die besprühten Kinder zu dokumentieren. Jahrzehnte später ist kaum eines dieser Kinder noch am Leben. Wer dennoch überlebte und z.B. als Frau dann später Kinder bekam, konnte sich lange nicht erklären warum der eigene Nachwuchs durch die Bank geistig und/oder körperlich schwerst behindert war.

An dieser Stelle sei ein Buch empfohlen, welches das ganze Ausmaß der Psychoterror-Forschung des Staates gegen die eigenen Bürger akribisch dokumentiert. Es handelt sich um das Werk des Berliner Diplom-Psychologen Knuth Müller, der sich auf 750 Seiten mit der Geschichte der Psychoanalyse und ihrer unheiligen Allianz mit den Geheimdiensten beschäftigt hat. Das Buch aus dem Jahre 2017 trägt den Titel:

Im Auftrag der Firma
Geschichte und Folgen einer unerwarteten Liaison zwischen Psychoanalyse und militärisch-geheimdienstlichen Netzwerken der USA seit 1940.

Akribisch werden sowohl die Menschenversuche und Foltermethoden der Nazis aufgelistet und beschrieben, als auch die im Anschluss darauf aufbauenden Experimente der US-Dienste. Diese von Nazi-Ärzten erfolgreich getesteten Methoden kamen so durch die USA nach dem Krieg weiterhin zur Anwendung – im In- und Ausland. Das Kapitel *Evolution psychologischer Folterforschung in den USA 1945-1983* macht klar, dass alles, was nach dem 11. September 2001 und bis heute etwa in Guantanamo unter dem Begriff *Erweiterte Verhörmethoden* zur Anwendung kommt, in deutschen Konzentrationslagern mitentwickelt wurde.

Wer das Buch liest, kann das Ausmaß von Skrupellosigkeit und Niedertracht des Staates gegen seine Bürger in Kooperation mit dem Wissenschaftsbetrieb zunächst kaum fassen. Sie ist aber real und hat sich in Zeiten von Corona wiederholt. Corona war ein von der Wissenschaft wider besseres Wissen abgesegnetes Experiment an Menschen mit sogenannten Impfstoffen, deren üble Nebenwirkungen den Wissenschaftlern bekannt waren. Dennoch machten sie bei diesem Feldversuch mit. Das RKI und das Paul-Ehrlich-Institut haben den Ruf der Wissenschaft in Deutschland ruiniert. Davon wird sich speziell die Medizinbranche in Jahrzehnten nicht erholen.

Wer seine eigenen Corona-Protokolle wegschließt und erst nach langen Klagen geschwärzt zur Verfügung stellt, hat etwas zu verbergen.

Was dennoch nicht verborgen blieb, ist die Erkenntnis, dass es bei Corona ausschließlich um in den Mantel der Wissenschaft gehüllten Machterhalt ging. Zu keiner Zeit jedoch um die sogenannte Volksgesundheit.

Auch die Kaste der Sozialforscher hatte nie wirkliche Bedenken gegen die Motive des Staates. Im Gegenteil, seine schützende Hand und die seiner Geheimdienste bedeutet für viele Sozialwissenschaftler vielmehr eine Art Mekka der Forschung. Die Gelegenheiten, ohne Beschränkungen oder zu befürchtende Konsequenzen neue Methoden der psychischen und physischen Manipulation an nichts ahnenden Bürgern zu testen, wurde über Jahrzehnte durch zahllose Wissenschaftler intensiv genutzt und so wurden und werden derartige Menschenversuche als Karrieremöglichkeit im System verstanden.

Halten wir für dieses Kapitel fest:

- Menschen in der Gruppe zu beobachten, dient in den allermeisten Fällen dem Zweck, das Verhalten der Bürger zu analysieren, um sie im Anschluss zu manipulieren.
- Der Bürger soll die Interessen der Eliten übernehmen, während er sie zeitgleich für die eigenen hält.

Wie erreicht der Staat, dass der Mensch in der Gruppe gegen seine eigenen Interessen handelt? Die Sozialforschung hat darauf mindestens zwei Antworten.

- Der Mensch unterliegt der sogenannten *Status Quo-Neigung*. Das bedeutet, bevor er sich auf eine ungewisse Zukunft einlässt, verbleibt er aus Angst lieber in einer repressiven Gegenwart. Daher genügt es, ihn in der Gegenwart einzuschüchtern, um in ihm den Wunsch nach einer selbstbestimmten Zukunft zu ersticken.
- Kein Mensch kann allein überleben.

Wenn man dem Einzelnen mit Ausschluss aus der Gruppe droht, spurt er und frisst dem Aggressor im Anschluss aus der Hand. Die Gruppe, die Masse, ist die Lebensversicherung eines jeden Einzelnen. Menschen sind bereit, fast alles zu tun, um nur nicht von ihrer Gruppe ausgeschlossen zu werden. Denn soziale Isolation führt zum Tod und wurde deshalb durch alle Zeiten als Foltermethode angewandt.

Wir sehen bei Julian Assange, was Jahre der Isolation und Einzelhaft anrichten können. Der australische Journalist ist nach Jahren des Wegsperrens und der Isolation nur noch ein Schatten seiner selbst und hat einen Schlaganfall erlitten. In seinem Gehirn lassen sich längst die irreparablen Folgen von sog. *Weißer Folter* nachweisen. Diese Schäden sind irreparabel, auch wenn der Mann inzwischen frei ist.

Was ist *Weiße Folter*?

Wikipedia schreibt dazu:
»Als Weiße Folter gelten Foltermethoden, die vorrangig die Psyche des Folteropfers angreifen, zeitweise oder dauerhaft schädigen oder zerstören.
Weiße Folter arbeitet daher nicht mit körperlicher Gewaltanwendung, die sichtbare Spuren hinterlässt. Ihre Anwendung und unmittelbare Wirkung ist schwer zu belegen oder nachzuweisen.
[...]
Eine ebenfalls übliche und bekannte Methode der Weißen Folter ist die sogenannte Isolationshaft, bei der das Opfer innerhalb eines Gefängnisses oder einer ähnlichen Einrichtung durch Methoden und Formen der sozialen Isolation und der sensorischen Deprivation weitgehend von sozialen Bedürfnissen abgeschnitten wird.
[...]
Sie bewirkt unter anderem eine erhebliche Beeinträchtigung des vegetativen Nervensystems sowie der Wahrnehmung und kognitiven Leistungsfähigkeit und zielt auf die Zerstörung des psychischen Gleichgewichts ab, um den Gefangenen zu einem Geständnis, zur Zusammenarbeit mit seinen Folterern zu zwingen oder ihn psychisch zu zerstören.«

Julian Assange war von 2019 bis Mitte 2024 in London inhaftiert. Zuvor hatte er sieben Jahre isoliert in einem Zimmer der ecuadorianischen Botschaft in London gelebt, das er nie verlassen konnte. Dieser für die ganze Welt sichtbare Fall der Dauerisolation zeigt exemplarisch, was es bedeutet, über Jahre isoliert zu werden: Der Mensch geht kaputt.

Da jeder Mensch Isolation sehr schnell als unangenehm empfindet, ist er schnell bereit, sich innerhalb einer Gruppe unterzuordnen. Diese Bereitschaft der Unterordnung wird konsequent gegen das Individuum verwendet.

Mark Twain brachte es auf den Punkt als er sagte:

»Wir mögen Menschen, die frisch heraus sagen, was sie denken – falls sie dasselbe denken, wie wir.«

Mit »wir« ist heute sowohl der Staat gemeint als auch alle Bürger, bei denen der Staat es geschafft hat, dass sie Meinungen und Verhaltensweisen, die vom Staat offiziell bekämpft werden, auch persönlich für eine Bedrohung halten und sie daher ohne weiteres Zutun des Staates in seinem Sinne ablehnen, melden oder privat bekämpfen.

Kapitel 3 - Das Asch-Experiment

Wer Tiere abrichten will, muss wissen, wie diese reagieren. Er muss zunächst ihr natürliches Verhalten beobachten, um im Anschluss die daraus gewonnenen Erkenntnisse für die eigenen Zwecke zu manipulieren. Das Erforschen tierischen Verhaltens hat sich bewährt, zumindest für den menschlichen Beobachter. So setzt der Mensch z.B Hunde dafür ein, andere Nutztiere in Schach zu halten, bevor er diese später schlachtet oder er dressiert Pferde für den Einsatz bei der Polizei. Dabei gelingt es ihm, das angeborene Fluchtverhalten der Pferde so zu verändern, dass er mit diesen Tieren sogar Demonstrationen auflösen kann, auf denen Böller explodieren oder es zu massiven Krawallen kommt. Polizeipferde, die große Teile ihres natürlichen Verhaltens abgelegt haben, bleiben einfach cool, egal, was um sie herum passiert.

Auch ein Hund hat kein Problem damit, wenn er seinem Herrchen zum x-ten Mal einen Stock zurückbringt, den dieser zuvor mit Vorsatz geworfen hat. Sein natürlicher Spieltrieb wird ausgenutzt und er wedelt dazu auch noch mit dem Schwanz. Der Hund wird für sein Verhalten gelobt und erfährt dabei soziale Streicheleinheiten. Als Rudeltier ist er auf die Zuneigung seines Leittieres, seines Herrn angewiesen. Er wurde konditioniert, also durch Erziehung gefügig gemacht und tut jetzt, was sein Rudelführer von ihm erwartet. Konditionierung eröffnet dem kognitiv Überlegenen die Möglichkeit, diese Hierarchie

– böse ausgedrückt – nach Strich und Faden auszunutzen. Das unterlegene Tier spurt und gehorcht dabei einem Mechanismus, der für ihn unsichtbar bleibt.

Aber funktioniert diese Form der Manipulation auch beim Menschen? Die Antwort wird viele Menschen in ihrer gefühlten Souveränität beleidigen, denn sie lautet »ja, natürlich«.

Menschen sind, was ihr Verhalten angeht, auch nur Herdentiere, also Lebewesen, an denen man ein ganz spezifisches Verhalten beobachten und die man im Anschluss manipulieren kann. Das geschieht jeden Tag mit großem Erfolg, ohne dass der Einzelne davon bewusst etwas mitbekommt. Denn würde er es mitbekommen, würde sich Widerstand regen. Dass dieser jedoch gar nicht erst aktiviert wird, hat mit den Erkenntnissen der Sozialwissenschaften zu tun. Seit rund 100 Jahren werden wir, die Bürger, sowohl als Individuum als auch in der Masse durch diesen Wissenschaftszweig in unserem Verhalten erforscht und analysiert. Die gewonnenen Erkenntnisse dienen dann vor allem dazu, uns als Gruppe für die Machteliten unter Kontrolle zu halten, ohne dass physische Gewalt zum Einsatz kommen muss. Wer die Knöpfe kennt, die er drücken, bzw. welche Strippen er ziehen muss, um die Massen nach den eigenen Wünschen handeln zu lassen, hat enorme Macht über die Menschen. Diese Macht ist umso größer, je besser es gelingt, die Manipulationstechniken dahinter zu verschleiern.

Wie schafft man es also, dass Menschen ähnlich »spuren«? Das Asch-Experiment fand dazu schon 1951 frappierende Antworten. In diesem Experiment ging es um die Frage, ob innerhalb einer Gruppe Druck auf ein Individuum ausgeübt werden kann bzw. wie man diesen Druck organisieren muss, damit das Individuum davon nichts mitbekommt. Das Asch-Experiment wurde nach dem US-Sozialpsychologen *Solomon Asch* benannt, der aufzeigen konnte, warum Andersens Märchen »Des Kaisers neue Kleider« auch in der Gegenwart noch funktioniert.

Zur Auffrischung:

Nachdem des Kaisers Hofschneider die Ideen für neue Gewänder ausgegangen waren, griff dieser zu einer List. Er erklärte dem Kaiser, dass seine neueste Kreation nur von Leuten gesehen werden könne, die über überdurchschnittliche Intelligenz verfügten. Der Kaiser wollte nicht dumm da stehen und trat also nackt vor seinen Hofstaat. Während dort alles brav klatschte, hörte man ein Kind rufen: »Der Kaiser ist ja nackt!«

Das war nichts als die »nackte Wahrheit«, daher der Ausdruck. Und dass ausgerechnet ein Kind zu diesem Ausspruch in der Lage war, ist schnell erklärt: Das Kind verstand sich noch nicht als Untertan. Es war noch nicht erzogen, nicht gedrillt. Zudem hatte es noch keine soziale Fallhöhe. Es riskierte nicht den Verlust einer gesellschaftlichen Stellung, fürchtete keine Konsequenzen und handelte daher noch rein intuitiv.

Beim Asch-Experiment hingegen handelt es sich nicht um ein Märchen, sondern um ein soziologisches Experiment aus den 1950er Jahren. Dennoch verhielten sich die Teilnehmer verblüffend ähnlich wie die Bürger im Märchen.

Dabei ging es lediglich um das Vergleichen mehrerer Linien auf Papierkarten. Zwei der vier Linien hatten eine identische Länge, die anderen beiden waren entweder extrem lang oder extrem kurz. Der Unterschied war für niemanden zu übersehen und daher gaben auch 99% der Befragten die richtige Antwort, wenn man sie aufforderte, die beiden identisch langen Linien zu benennen. Wenn man die zu befragende Person jedoch durch eine Gruppe manipuliert, die man im Vorfeld angewiesen hat, vorsätzlich zu lügen, wird sich der nicht eingeweihte Kandidat den offensichtlich falschen Antworten anschließen.

Prof. Asch ließ 1951 eine Gruppe von 8 Studenten ein Experiment durchführen, bei dem einer der Kandidaten nicht wusste, dass die übrigen sechs wissentlich die Unwahrheit sagten. Dabei schlossen sich 75% der nicht eingeweihten Probanden spontan den Lügnern an. Diesen Effekt nennt man heute *Gruppendruck.*

Asch hat bewiesen, dass man Einzelpersonen mit manipulierenden Akteuren dazu bringen kann, sich einer offensichtlichen Lüge anzuschließen und gruppenkonform zu verhalten.

Szenenwechsel.

Gab es derart manipulierende Akteure während der Corona-Zeit, deren öffentlich sichtbares Verhalten Einfluss auf den Einzelnen nahm und damit in der Folge Einfluss auf die Masse? Spätestens als man in diversen öffentlichen Einrichtungen sichtbar das Gehorsamkeitszeichen »Maske« oder gar seinen Impfstatus zeigen musste, griffen die Erkenntnisse des Asch-Experiments. Der Gruppendruck ließ die Masse zu Mitläufern werden, jeden für sich, sie hatte gelernt, die eigene Wahrnehmung auszublenden und zum Verstummen zu bringen. Mit genau dieser Technik wurde in Deutschland 1933 eine Diktatur eingeführt. Wir müssen daher einräumen, auch wenn es uns beschämt, dass dieser Trick immer noch funktioniert.

Gustave Le Bon, Ethnologe, Arzt und Autor des Buches »Psychologie der Massen«, das in seiner messerscharfen Analyse des menschlichen Verhaltens bis heute aktuell bleibt, brachte es in dem simplen Satz auf den Punkt: »Der Verstand sinkt mit der Masse der Versammelten«. Das Individuum, meint Le Bon, büße einen erheblichen Teil seiner tatsächlichen Intelligenz und seiner individuellen Entscheidungsfreiheit ein, sobald es Teil einer Masse geworden ist.

Die sogenannte *Schwarmintelligenz* kann einerseits das Wissen innerhalb einer Gruppe zum Vorteil für den Einzelnen anheben – sie kann aber auch das exakte Gegenteil bewirken. Der Gruppendruck kann bewirken, einen zuvor kritischen Menschen dazu zu bringen, dass dieser seiner eigenen Wahrnehmung nicht mehr traut und stattdessen Sichtweisen von der Gruppe übernimmt, selbst dann, wenn sie vollkommen falsch liegt und er es als unbeeinflusstes Individuum auch offen aussprechen würde. Der von der Masse ausgehende Gruppendruck hebelt diese Fähigkeit immer dann aus, wenn ein Individuum das Gefühl hat, mit seiner abweichenden Einschätzung allein zu stehen. Ist das nicht der Fall, setzt sich seine tatsächliche Meinung durch – auch das konnte Solomon Asch beweisen.

In einem zweiten Versuchsaufbau logen nur fünf der sechs Testteilnehmer. Der nicht eingeweihte Proband erlebte, dass vor ihm immer einer der Befragten die Wahrheit bezüglich der Länge der entsprechenden Linien offen aussprach. In der Folge schloss er sich dann problemlos dieser offensichtlichen Wahrheit an. Die Psychologie erkannte somit, dass die Wahrheit innerhalb einer Gruppe bereits dann eine Chance hat, wenn niemand mit ihr allein steht, sondern es mindestens einen weiteren Menschen gibt, der sie offen ausspricht.

Dies kann Hoffnung machen – oder Sorgen. Es kommt darauf an, welche Ziele verfolgt werden.

Ein Staat, dem es vor allem um den Massengehorsam geht, mag es nämlich nicht, dass die Masse sich an einem nicht kontrollierten Individuum, einem »Rebellen« oder »Freigeist« orientiert. Sein aufmüpfiges Verhalten könnte Nachahmer finden und daran hat der Staat wenig Interesse.

Anders sieht es aus, wenn dieser Rebell sich in einem Land befindet, dessen Regierung gestürzt werden soll. In diesem Fall werden diese Personen von außen als »Dissidenten« oder »Freiheitskämpfer« aufgebaut, während man in den eigenen Reihen diesen Typus von Mensch mit allen Mitteln als Verräter und Nestbeschmutzer diffamiert. Hätte Edward Snowden anstelle von US-amerikanischen beispielsweise chinesische Überwachungsmethoden enthüllt, würde er heute sicher nicht in Russland leben müssen, sondern wäre in seiner Heimat USA ein hochdekorierter Held.

Und hätte Julian Assange russische, iranische oder chinesische Kriegsverbrechen publiziert, hätte es seine 14-jährige Flucht vor der CIA nie gegeben. Auch er wäre ein Held in den westlichen Propagandamedien.

Wir sehen, hinter der Verhaltensforschung stecken knallharte Machtinteressen. Der Staat versucht, das soziale Setting zu kontrollieren, um Personen wie Assange oder Snowden möglichst selten entstehen zu lassen. Die Methode, um das zu bewerkstelligen, ist simpel: Alles was der Staat benötigt, um die Massen zu manipulieren, ist die Möglichkeit, jedem Einzelnen das Gefühl zu vermitteln, er wäre mit seiner abweichenden Meinung vollkommen allein.

Dabei helfen ihm gleichgeschaltete Medien. Sie wirken wie die weiter oben beschriebenen Teilnehmer des Asch-Experiments, die vorsätzlich gelogen haben, um den unwissenden

Teilnehmer zu manipulieren. Bei Massenmedien reicht es, wenn sie im Kollektiv behaupten, »wir alle« wären mit Maßnahme A oder Lieferung B einverstanden und schon übernimmt die Mehrheit diese publizierte Täuschung.

Und wer das dann immer noch völlig anders sieht, schweigt. Wie im Asch-Experiment nachgewiesen, schweigt er aus Angst, mit seiner Wahrnehmung völlig allein zu stehen. Nur:

Wer schweigt, stimmt zu.

Aus Angst vor sozialer Ausgrenzung sagen die meisten Menschen nicht, was sie wirklich denken, sondern das, wovon sie glauben, dass es die Gruppe hören will.

Es wird also permanent mit ANGST operiert:

Angst essen Freiheit auf – zuallererst die Meinungsfreiheit.

Um den Kreis zu schließen: Somit jubeln fast alle Menschen zu fast allen Themen dem nackten Kaiser zu – und die, die es nicht tun, die sich unabhängig von der Masse äußern, werden diffamiert, verleumdet und sozial ausgegrenzt. Gegen sie wird Stimmung gemacht, über Massenmedien, die – zumindest in der BRD und anderen Ländern mit staatstragenden Rundfunksystemen – von der Masse auch noch zwangsfinanziert werden. Aber Massenmedien beschreiben nicht die Realität, sondern sie erschaffen sie, das wusste schon Walter Lippmann:

»Jede Zeitung ist, wenn sie den Leser erreicht, das Ergebnis einer ganzen Serie von Selektionen.«
Oder noch treffender: *»Wo alle das Gleiche denken, denkt keiner viel.«*

Das ist der Sinn der Sache: Wir sollen nicht selber denken. Jedenfalls nicht wenn es um Politik geht. Wir sollen nur *glauben*, dass die Gedanken in unserem Kopf unsere eigenen seien. In Wirklichkeit sind unsere Gedanken das Produkt von geschickter Manipulation.

An dieser Stelle sei darauf hingewiesen, dass keiner von uns behaupten kann, er hätte auch nur ansatzweise einen vollständigen Zugang zu dem, was wir Realität nennen. Wir alle kennen nur Ausschnitte dieser Realität. Der größte Teil dessen, was wir für *»die Realität«* halten, sind sorgsam ausgewählte Teile der Realität die wir uns über Massenmedien haben verkaufen lassen. Wir werden mit ausgesuchten Ausschnitten der Realität gefüttert. Aber wer sucht hier aus und vor allem mit welchen Hintergedanken?

Die tatsächliche, extrem komplexe Realität und die vermeintliche Realität der Massenmedien haben leider nur selten etwas miteinander zu tun. Massenmedien beschreiben nicht die tatsächliche Realität, sondern sie erfinden im Auftrag derer, die dafür bezahlen, eine gänzlich eigene. Wenn wir glauben, durch Massenmedien darüber in Kenntnis gesetzt zu werden, was wir gern *Wahrheit* nennen, sind wir auf dem Holzweg. Ihre Hauptaufgabe ist tatsächlich das genaue Gegenteil davon. Sie sollen vielmehr die Bürger und Untertanen im Sinne der herrschenden Klasse *auf Linie halten.*

Massenmedien haben die Aufgabe, aus einem tatsächlichen 360°-Raum eine Einbahnstraße mit Sichtschutzwänden machen. Dazu bedienen sich Massenmedien der Erkenntnisse der Verhaltensforschung, die weiß, dass wir alle dazu neigen, komplexe Muster zu vereinfachen, um zu schnellen Entscheidungen zu kommen. Dieses biologische Erbe, das wir alle in uns tragen, wird von den Massenmedien vorsätzlich ausgenutzt. Informationen die nicht zum bisherigen Weltbild passen, können kaum oder nur sehr schwer integriert werden. Diese Vorliebe unseres Gehirns, etwa ein bereits bestehendes (Vor-)Urteil permanent zu verstärken, sodass nur Information gespeichert werden, die diese Einordnung bestätigen, nennt man in der Verhaltensforschung *Bestätigungsfehler.* Man kann sich unpassende Information daher ein wenig wie ein Puzzleteil vorstellen, das an dem bereits bestehenden, aber durch Manipulation entstandenen Weltbild nicht andocken kann. Unser viel beschworenes *logisches Denken* besteht in der Hauptsache darin, dass wir Argumente suchen, die es uns ermöglichen, weiterhin zu glauben, was wir bereits glauben.

Um große Teile der Bevölkerung unfähig zu machen, über den von der Propaganda künstlich erzeugten Tellerrand zu blicken und etwa mit Menschen in Kontakt zu kommen, die eine völlig andere Meinung vertreten, wurde dieser Bestätigungsfehler in den sog. *sozialen Netzwerken* durch entsprechende Algorithmen zusätzlich verstärkt, welche immer nur weitere, dem gewünschten Narrativ entsprechende Inhalte anbieten. Soziale Netzwerke sind in Wahrheit längst Werkzeuge, deren Aufgabe es ist, den sozialen Austausch zwischen den unterschiedlichen Gesellschaftsschichten unmöglich zu machen, somit im Wortsinne deutlich eher *a-soziale* Netzwerke. Denn jeder in diesem Netzwerk bleibt in seinem eigenen Netz. Wir alle sind somit mehr oder weniger *Gefangene des Netzes* – und damit unserer Vorurteile. Wir glauben, was wir von unseren Massenmedien vorgesetzt bekommen und halten diese Information später für unsere eigene Meinung – ein Trugschluss.

Ein Pionier auf dem Gebiet der totalen Manipulation war der amerikanische Psychoanalytiker Edward Bernays, ein Neffe von Sigmund Freud. Er schrieb 1928 das Standardwerk der Manipulation durch Massenmedien:

Propaganda – The Public Mind in the Making (sinngemäß etwa: Die Heranbildung der öffentlichen Meinung)

Die Inhalte seines Werks werden seit 1928 tagtäglich mit großem Erfolg zur Anwendung gebracht. Wir alle sind mehr oder weniger Propagandaopfer. Dass die meisten Menschen davon noch nie etwas bemerkt haben, ja sogar bestreiten würden, man hätte sie manipuliert, beweist, wie ausgefeilt diese Technik inzwischen daherkommt. Sie unterläuft das angeborene Frühwarnsystem des Menschen und ist damit nahezu unsichtbar. Widerstand kann sich erst regen, wenn ein Mensch erkennt, dass er bevormundet wird. Merkt er es hingegen nicht, befindet er sich wie eine Marionette an Fäden, die für ihn selber unsichtbar sind. Darin liegt die große Gefahr der Propaganda: Sie ist in der Lage, die Masse in die eigene Vernichtung zu führen.

Kapitel 4 - Das Milgram-Experiment

Nachdem im Asch-Experiment die Möglichkeiten erforscht wurden, wie ein einzelnes Individuum durch Gruppendruck auf Linie gebracht werden kann, wollen wir uns jetzt mit einem weiteren »Klassiker« der Experimente aus der Soziologie beschäftigen, dem Milgram-Experiment.

In diesem Experiment ging es darum, herauszufinden, inwieweit es möglich ist, durch das Auftreten einer Autorität Menschen dazu zu bringen, gegen ihr Gewissen und ihre angeborene Menschlichkeit zu handeln. Das Experiment, benannt nach dem Asch-Schüler Dr. Stanley Milgram, wurde 1961, also zehn Jahre nach dem Asch-Experiment durchgeführt und erschütterte nach seiner Publikation nicht nur die Wissenschaftswelt, sondern sogar die Öffentlichkeit.

Der Kern des Experiments drehte sich um die Frage ob ganz normale Personen, also »Otto-Normal-Bürger« zur Anwendung von Folter bereit wären, wenn eine Autorität sie dazu auffordern würde. Zudem stellte Milgram sich die Frage, ob es möglich wäre, mögliche Skrupel oder ein Zaudern bei den Testpersonen dadurch auszuräumen, dass die Autorität erklären würde, sie würde die volle Verantwortung für die Schäden übernehmen, die ggf. beim Opfer durch die Anwendung der Folter entstehen.

Auf der Metaebene des Experiments ging es um die Frage, wie die Nazis es seinerzeit geschafft hatten, ganz normale Menschen binnen weniger Wochen zu Massenmördern zu machen. Musste man dafür über Jahre die entsprechende NS-Struktur aufbauen? Braucht man einen Krieg, um blinden Gehorsam herzustellen? Oder reicht in Friedenszeiten schon ein harmloser weißer Kittel?

Das Ergebnis war erschreckend. Die meisten Testpersonen waren bereit, einen ihnen völlig unbekannten Menschen mit Stromschlägen von einer Stärke zu quälen, die diesen leicht hätten töten können. Voraussetzung war in der Tat, dass eine vermeintliche Autorität vorgab, die Verantwortung dafür zu übernehmen.

Nur ein sehr geringer Prozentsatz der Teilnehmer widersetzte sich dem Experiment von Dr. Milgram. 77 % der Probanden folgten brav den sog. »Regeln«. Sie gehorchten den Autoritäten in Weiß, den Wissenschaftlern und vermeintlichen Experten.

Der Aufbau des Experiments sah einen »Versuchsleiter« vor (die Autorität im weißen Kittel), sowie zwei Freiwillige, die im Versuch vermeintlich zufällig als »Lehrer« und »Schüler« ausgelost wurden. Das Auslosungsverfahren war allerdings dahingehend manipuliert, dass ausschließlich die Position des Lehrers mit dem Freiwilligen besetzt wurde. Die als Versuchsleiter und Schüler agierenden Personen waren in Wirklichkeit eingeweihte Schauspieler. Der »Lehrer« hatte daraufhin die Anweisungen des »Versuchsleiters« auszuführen.

Wie schon zuvor das Asch-Experiment, hatte auch dieser Versuchsaufbau zwei Ebenen. Eine, die dem Probanden erklärt wurde und eine dahinterliegende, die dem eigentlichen Experiment entsprach, dem Probanden gegenüber jedoch verborgen wurde. Vordergründig ging es um einfache Wortpaare in einem logischen Kontext, die durch den Schüler einstudiert werden sollten. Auf die Frage nach einem Werkzeug etwa sollte mit »Hammer« geantwortet werden, nach einer Farbe gefragt, war »rot« die richtige Antwort. Der Versuchsaufbau sah vor, dass der Lehrer dem Schüler bei einer falschen Antwort mit Hilfe einer Apparatur einen Stromschlag zu versetzen hatte, um herauszufinden, inwieweit diese »Behandlung« das Lernverhalten verbessern würde. So die Erklärung des Versuchs gegenüber dem Probanden, dem »Lehrer«.

Doch dieses Frage-Antwort-Spiel war im Grunde nebensächlich. Entscheidend war, wie der Proband mit einer falschen Antwort des Schülers umgehen würde. Würde er dem Schüler wirklich, wie im Versuchsaufbau von ihm verlangt, einen Stromschlag verpassen? Und wie würde er sich verhalten, angesichts der beobachteten Auswirkungen, die dies auf den so gequälten Kandidaten hatten? Natürlich gab es nicht wirklich einen Stromschlag, aber der als Schüler agierende Schauspieler vermochte es sehr glaubwürdig darzustellen. Mit jeder falschen Antwort wurde die Stärke des vermeintlichen Stromschlages gesteigert, bis sie final den auf einer Skala abzulesenden Wert von 450 Volt erreichte. Auf dem Weg dorthin begann der Schauspieler zu schreien und bettelte darum, man möge das Experiment abbrechen. Das brachte den Lehrer in einen Gewissenskonflikt – und genau darum ging es, dieser Konflikt war der Kern des Experimentes.

Würde der Lehrer ab einem bestimmten Punkt seinem Gewissen folgen und sich weigern, den Schüler mit massiven Stromschlägen zu quälen, die jederzeit zum Herzstillstand führen könnten? Oder würde er die Verantwortung an den Versuchsleiter abgeben und einfach dessen Befehlen folgen, egal wie sehr das Opfer ihn um die Beendigung des Experimentes anbetteln würde?

Als die später als Buch publizierten Ergebnisse des Milgram-Experiments publiziert wurden, war die Öffentlichkeit zu Recht geschockt: Von 40 Kandidaten brach nicht ein einziger vor 300 Volt ab und 26 vollendeten das Experiment bis zu den maximal möglichen 450 Volt. Niemand würde derartige Stromstöße unbeschadet überleben. Die meisten Lehrer-Testpersonen hörten nicht auf das schreiende Opfer, sondern ließen sich durch den Versuchsleiter davon überzeugen, weiterzumachen, denn die Autorität im weißen Kittel beteuerte dabei stets, die Fortsetzung des Experiments sei »absolut notwendig«, was dem Probanden suggerierte, er sei für die Folgen nicht verantwortlich.

Die Stromschläge begannen bei 45V und endeten bei 450V. Ab 120V schrie der Schüler, bei 150V flehte er, man solle das Experiment beenden und ab 300V gab der

Schüler keine Antworten mehr. Diese Reaktion galt als falsche Antwort, sodass weitere Stromstöße durch den Lehrer ausgelöst wurden, nachdem die Autorität dazu aufgefordert hatte. Erst bei 450 Volt war dann Schluss.

Milgrams Experiment war sehr umfangreich. Er wollte genau wissen, wie Autorität funktioniert und wandelte das Experiment immer wieder ab. Dabei fand er u.a. heraus, dass physische Präsenz den Effekt einer Autorität enorm steigert. Wenn der Versuchsleiter, der Mann im weißen Kittel, während des Experimentes nicht anwesend war oder den Raum frühzeitig verließ, verweigerten rund 77% der Lehrer, den zuvor besprochenen Anweisungen zu folgen. Sie zeigten Mitleid und Mitgefühl. Wenn sie hörten, wie das Opfer im Nebenzimmer schrie, brachen sie ab oder gaben geringere Stromstöße, als sie es eigentlich hätten tun sollen und hielten es vor dem Versuchsleiter geheim. Milgram fand zudem heraus, dass es Menschen leichter fiel, Dritte auf Befehl zu quälen, wenn man Opfer und Täter räumlich trennte. Je weniger der Täter vom Schmerz des Opfers mitbekam, desto einfacher war es, ihn zu einem willigen Werkzeug und Folterknecht zu machen.

In einer weiteren Variante des Experiments saßen neben dem Probanden zwei weitere vermeintliche »Lehrer«, bei denen es sich allerdings ebenfalls um Schauspieler handelte. Diese handelten stets synchron, um zu beobachten, ob sich der tatsächliche Kandidat in seiner Art zu handeln beeinflussen ließe. Das Ergebnis kennen wir bereits aus dem Asch-Experiment: Folgten die Schauspieler den Anweisungen der Autorität ohne Murren, folgten ihnen 90 % der Probanden. Verweigerten sie sich diesen jedoch, waren 90 % der Probanden ebenfalls nicht bereit, Stromstöße zu geben.

Das Milgram-Experiment hat somit eindeutig bewiesen, dass eine Autorität nur entschlossen genug auftreten muss, damit ganz normale Menschen zu Killern werden. Dazu müssen sie vorher nicht im Krieg gewesen sein, das geht von jetzt auf gleich. Entscheidend ist: Das *Setting*, also der zuvor geschaffene Rahmen, muss stimmen. Das Setting ist in diesem Fall unser aller Erziehungssystem. Jeder, der an Milgrams Experiment teilnahm, war schon »vorkonfiguriert« durch Erziehung. In unseren Erziehungssystemen belohnt Erziehung stets Konformismus und produziert damit zwangsläufig Opportunisten und Mitläufer. Wer kriecht, wird belohnt.

Zufall? Wohl kaum. In unseren »modernen« Gesellschaften, in unserer Zivilisation ist der gedrillte Mensch gewünscht. Er bildet die Voraussetzung für eine reibungslose Ausübung von Macht. Der Bürger soll tun, was »der Staat« von ihm erwartet. In den meisten Ländern hat er daher die Beschulung der Bevölkerung übernommen und besteht in den allermeisten Fällen auf einer Schulpflicht. Dass Eltern ihre Kinder zu Hause selber unterrichten, ist heute weitgehend eine sehr seltene Ausnahme, die vom Staat immer kritisch beäugt wird. Beleuchten wir daher einmal das Prinzip Schule.

»Erziehung ist ein System aufgezwungener Ignoranz. Du lernst vor allem deine Gefühle zu ignorieren.«
(Noam Chomsky)

Schule steht heute in den meisten Fällen für das sogenannte *Bulimie-Lernen*: Es spielt keine Rolle, ob der Stoff den Schüler interessiert oder nicht. Wichtig ist nur, dass er ihn auswendig lernt, um ihn auf Geheiß des Lehrers wieder auszuspucken. Der Schüler soll vor allem lernen, einer Autorität zu gehorchen und die eigenen Ansichten und Befindlichkeiten zu ignorieren und zu unterdrücken. Dieses vermittelte Verhalten wird fortan der Normalzustand, mit dem der Mensch durchs Leben zu gehen hat, will er nicht sozial geächtet werden. Schon in der Grundschule gilt daher: Nicht für den Stoff, sondern für das Gehorchen gibt es gute Noten! Und wer am besten buckelt, macht später Karriere. Er landet im Hamsterrad, das von innen bekanntlich aussieht wie eine Karriereleiter. Wer also aufsteigt, indem er zuvor gebuckelt hat, kann daraufhin selber als Autorität wirken und anderen Befehle geben.

Dieser zuvor sozial verstümmelte Mensch benötigt einen Sündenbock, um die verinnerlichte Erniedrigung zu kompensieren. »Die anderen« haben für einen solchen Aufsteiger in die Alpha-Position damit als Opfer seiner vermeintlichen Überlegenheit eine Ventilfunktion inne, welche eine schlüssige Erklärung für despotische Chefs oder Personen ist, die an der Spitze einer Firma, einer Organisation oder in der Politik auch schon mal über die sprichwörtlichen Leichen gehen.

Daher gilt schon ganz früh, zu Beginn der Erziehung, dass der *eigentliche* Lehrplan ein unsichtbar dahinter liegender ist: Wir sollen lernen, zu gehorchen, möglichst widerspruchslos. Wir stellen unsere natürliche Veranlagung, eigene Wünsche zu formulieren und Kritik gegenüber einer autoritär auftretenden Macht zu äußern, weitgehend ein. Das Ergebnis sind Menschen, die ganz wie die Probanden der beiden beschriebenen Experimente nur das tun, was man ihnen zuvor beigebracht hat, nämlich sich absolut gehorsam und verantwortungslos zu verhalten.

Ein weiteres gutes Beispiel sind alle militärischen Strukturen. Die Uniform überhöht dort den Einzelnen, nachdem er in der Grundausbildung zunächst, einem entsprechenden Ausbildungsplan folgend, nachhaltig erniedrigt wurde. Ein in der Armee erneut gebrochener Mensch ist viel leichter zu Taten anzustiften, die er ohne die vorherige Zersetzung seiner Empathie niemals ausführen würde. Kein Mensch genießt das Töten anderer Menschen oder sucht von sich aus den Blutrausch in der Gruppe. Es ist allerdings möglich, diese niederen Triebe im Menschen freizulegen und über Drill, also soziale Manipulation, die natürlichen Hemmschwellen abzubauen und so den Killer im Menschen gleichsam herauszuarbeiten. In einer Armee ist das explizit gewollt.

Wenn ein Verteidigungsminister öffentlich davon spricht, dass die Bevölkerung wieder »kriegstüchtig« werden und man die »Kriegsmüdigkeit« überwinden müsse, weiß er genau, was das für den einzelnen Menschen in der Konsequenz bedeutet – nur der Einzelne weiß es nicht. Es geht um die solide geplante Verrohung einer ganzen Gesellschaft, denn diese Verrohung ist die Grundvoraussetzung für einen neuen großen Krieg.

Wer auf die Frage »Wollt ihr den totalen Krieg?« ein reflexartiges JA erwartet, muss im Vorfeld über Jahre konsequent und auf allen Ebenen den von Natur aus sozialen Menschen zu einem empathielosen Werkzeug verkrüppeln. Er braucht Soldaten – überall, nicht nur in der Armee, dort aber vor allem. Soldaten sind Befehlsempfänger. Ein Soldat ***S**oll-**O**hne-**L**anges-**D**enken-**A**lles-**T**un.*

Was aber bedeutet dieser absolute Gehorsam? Bedeutet er den Verlust der Zivilisation? Oder ist Zivilisation, im Gegenteil, die Voraussetzung für absoluten Gehorsam? Was ist überhaupt *Zivilisation*? Eine Zivilisation ist eine hochkomplexe Gesellschaft, die sich auf Zusammenarbeit durch Arbeitsteilung verständigt hat – Spezialistentum. In einer Zivilisation ist der Einzelne bereit, sein Ego in den Dienst der Gemeinschaft zu stellen. Jeder hat seine Aufgabe, für die er einsteht – zuverlässig, pünktlich und sauber. Jeder ist an seinem Platz und ordnet sich einer größeren Idee unter. Jeder ist bereit, Opfer zu bringen und auch mal unangenehme Aufgaben wahrzunehmen, wenn die Gemeinschaft es von ihm verlangt – für ein gemeinsames Ziel, eine gemeinsame Überzeugung.

Und jetzt stellen wir uns einmal das Bild des Eingangsbereiches von Auschwitz vor. Hier kamen jeden Tag, pünktlich und effizient »beladen«, Züge mit Menschen an. Sie wurden dann von perfekt zur Empathielosigkeit »ausgebildeten« Soldaten in zwei Gruppen aufgetrennt: »arbeitsfähig« oder »Gaskammer«. Ohne *Zivilisation* wäre Auschwitz nicht umzusetzen gewesen. Auschwitz war nicht das Werk einer primitiven Gesellschaft. Das Vernichtungslager wurde nicht von »Wilden« geplant und errichtet. Es wurde im Auftrag eines Staates gebaut und betrieben, der über Millionen Bürger verfügte, die er zuvor nach seiner Vorstellung *zivilisiert* hatte. Ohne das konkrete Wissen der Sozialwissenschaften wäre das in dieser Konsequenz nicht möglich gewesen

Kein Wunder, dass besonders der US-Auslandsgeheimdienst CIA sowie die Militärs im Pentagon sich für die Forschungsergebnisse von Dr. Milgram interessierten. Denn natürlich basiert die Bereitschaft von US-Soldaten, etwa während des Irak-Kriegs im Foltergefängnis Abu Ghraib wildfremde Menschen zu foltern, zu demütigen und psychisch zu zerstören, auf Erkenntnissen des Milgram-Experiments: Das Setting muss stimmen. Und so existierten im Grunde auch in Abu Ghraib die bekannten Rollen von Versuchsleiter, Lehrer und Schüler. Der Versuchsleiter war die US Army, der Lehrer der folternde Berufssoldat und der Schüler der Gefangene.

Wir kommen daher nicht umhin, den ausschließlich positiv besetzen Begriff *Zivilisation* kritisch zu hinterfragen.

Wer sich näher mit dem Milgram-Experiment beschäftigen möchte, dem sei das gleichnamige Buch »Das Milgram-Experiment« empfohlen, zudem der Film »I wie Ikarus«, in dem das Milgram-Experiment während eines Polizeiverhörs angewendet wird.

Kapitel 5 - Das Stanford Prison-Experiment

An dieser Stelle widmen wir uns dem dritten Klassiker der sozialen Experimente, welche allesamt nicht nur in die Geschichte eingingen und in entsprechenden Lehrbüchern landeten, sondern in der Folge auch bis heute genutzt werden, um Menschen in ihrem Verhalten zu manipulieren. Denn das ist am Ende des Tages das Ziel jeglicher staatlich finanzierten Sozialforschung.

Kommen wir also zum Stanford Prison-Experiment aus dem Jahre 1971. In diesem Experiment ging es darum, herauszufinden, wie Menschen durch Gruppenbildung gegeneinander ausgespielt werden können. Es wurde im August 1971 vom Psychologen Dr. Philip G. Zimbardo durchgeführt, lief dann aber recht schnell aus dem Ruder. Es sollte ursprünglich 14 Tage dauern, musste aber schon nach 6 Tagen abgebrochen werden, denn es drohte vollkommen außer Kontrolle zu geraten.

Auf eine Zeitungsanzeige für ein wissenschaftliches Experiment meldeten sich 70 Studenten, um eine Art Räuber & Gendarm-Spiel durchzuführen. Aus den Bewerbern wurden letztlich 24 für die Wissenschaft ausgewählt. Alle Probanden kamen aus der Mittelschicht. Sie hatten weder Ghettoerfahrung, noch waren sie zuvor durch kriminelles Verhalten auffällig geworden. Mittels Münzwurf wurde dann entschieden, wer in dem Versuch

Gefängnisaufseher und wer Gefängnisinsasse sein würde. Die Aufseher bekamen Polizeiuniformen, Schlagstöcke und Sonnenbrillen (und sahen dabei ein bisschen aus wie die *Beastie Boys* in ihrem Video zu *Sabotage*). Den Gefangenen verpasste man einen anderen Look. Sie mussten ein kurzes Krankenhaushemd tragen, wurden zuvor entlaust und und man zwang sie, eine lächerliche Kopfbedeckung aufzusetzen!

Dann ging es in eine Art Gefängnis mit vergitterten Zellen und klaren Regeln. Alle Beteiligten bekamen den gleichen Betrag von 15 Dollar pro Tag.

Kaum waren die Türen in ihre Schlösser gefallen, ging die absolute Macht von den Wärtern, den Gendarmen aus. Die Gefangenen hatten nur eines zu tun, sie sollten gehorchen. Anfangs hatten auch alle ihren Spaß. Es fühlte sich wie ein Spiel an, vielleicht ein wenig wie eine Mottoparty. Doch das änderte sich schnell und fast automatisch. Die Wärter wurden brutaler gegenüber den Eingesperrten und die Gefangenen begannen, sich gegen sie zu verbünden und zu widersetzen. Schon am zweiten Tag brach eine Art Aufstand aus, der durch rohe Gewalt der Wärter niedergeschlagen wurde. Es kamen Feuerlöscher zum Einsatz, mit denen die Zelleninsassen attackiert wurden. An Tag drei begannen einige Wärter, ihre sadistische Ader zu entdecken. Sie nutzten die Nacht, um die Gefangenen zu demütigen, da sie davon ausgingen, die Überwachungskameras wären des Nachts nicht in Betrieb.

Am 20. August 1971, dem sechsten Tag, musste das Experiment abgebrochen werden, so sehr hatten sich die beiden Lager inzwischen in ihrem Hass auf die jeweils andere Gruppe aufgeschaukelt. Auch wurde dem Druck von Kollegen und Vorgesetzten bezüglich ethischer Bedenken nachgegeben.

Fazit des Stanford Prison-Experimentes: In nur 3 Tagen wird der Mensch zur Bestie, wenn das Umfeld es zulässt oder diese Verrohung gar gezielt fördert. Alles, was die Wärter gegenüber den Gefangenen angewendet hatten, waren Regeln. Mit Regeln kann man menschliches Verhalten sehr einfach steuern, denn wer sich an die Regeln hält, wird belohnt, wer sie hingegen überschreitet, wird bestraft. Wichtig dabei ist, dass die meisten Wärter ihre Misshandlungen damit rechtfertigten, sie hätten sich nur an die Regeln und Vorschriften gehalten und versucht, diese Vorschriften wie befohlen durchzusetzen.

An dieser Stelle sollten wir eine elementare Frage stellen: Wer stellt diese Vorschriften für uns alle im täglichen Leben auf? Wer bestimmt, wie lange wir alsbald wieder im Homeoffice bleiben müssen oder wer wie lange und wo überall eine ganz bestimmte Maske zu tragen hat? Wer bestimmt, dass wir Impfstoffe akzeptieren sollen, für die der Hersteller keine Haftung übernehmen will?

Entscheidend dabei ist, wie auch in den zuvor beschriebenen Experimenten, dass die Masse gehorcht, wenn ausreichend Druck aufgebaut wird. Diese Erkenntnisse sind nicht vom

Himmel gefallen. Sie wurden über die entsprechenden Sozialwissenschaften mit unseren Steuergeldern herausgefunden und werden seither gegen uns als Masse in Stellung und zur Anwendung gebracht. Massengehorsam funktioniert, weil es in unserer Natur liegt, uns an der Masse zu orientieren. Wenn der Wind rauer wird, richtet sich der Einzelne nicht auf, sondern dreht sich wie ein Fähnchen im Wind. Unter Druck übernehmen fast alle Menschen das Verhalten der Mehrheit. Besonders dann, wenn dieses Verhalten durch eine Autorität be- oder empfohlen wird. Der Einzelne gibt damit zudem sein Gewissen und alle Verantwortlichkeit an das Kollektiv ab. Er handelt gleichsam wie das Kollektiv, selbst wenn das Kollektiv extrem brutal wird. Diese soziale Anpassung, dieser Sog wird als Gruppendynamik verstanden. Mit dieser einfach zu manipulierenden Dynamik kann der Staat leicht arbeiten und tut es auch. Er organisiert sie sogar, um so den Druck, welcher durch soziale Ungleichheit entsteht, dergestalt abzuleiten, dass die von dieser Ungleichheit profitierenden Eliten weiterhin ihre Machtposition behalten können. Man nennt diese Form der Manipulation unterdrückter Massen *Empörungsmanagement*. Die Benachteiligten werden gezielt in die Peripherie gelenkt, um das Zentrum, die Spitze der Machtpyramiden zu entlasten und sie weitestgehend unsichtbar zu machen.

Staatlich geförderter Empörung begegnen wir überall. Sogar während der Hochzeit der Coronamaßnahmen mit ihren strikten Versammlungsverboten war es erlaubt, dass sich Hunderttausende ohne jeglichen Abstand auf öffentlichen Plätzen versammelten, um bei *Black Lives*

Matter mitzuwirken. Sie wurden von der Polizei geschützt, während parallel dazu maßnahmenkritische Gruppen von der Staatsgewalt attackiert und deren Demonstrationen aufgelöst wurden, obwohl sie sich an alle Abstandsregeln und Auflagen hielten. Oft reichte es sogar, ein vom Staat selber als kostenloses Druck-Erzeugnis verbreitetes Buch sichtbar bei sich zu tragen – das Grundgesetz der Bundesrepublik Deutschland. Es galt plötzlich ganz offiziell als verbotene politische Meinungsäußerung.

Wer heute für die offiziellen Klimaziele auf die Straße geht, wird vom Staat und seiner Staatspresse regelrecht gefeiert. Wer sich öffentlich sichtbar der LGBTQ-Bewegung anschließt, kann sich auf staatliches Lob durch entsprechende Berichterstattung verlassen. Das ist kein Zufall, sondern wurde genau geplant, um von ganz anderen Problemen abzulenken. Menschen, die sich der LGBTQ-Gruppe zugehörig fühlen, sind auf diesem Planeten eine verschwindende Minderheit, wenn man sie mit der Gruppe vergleicht die unter zunehmender Verarmung leidet. Wer es jedoch wagt, für diese *wirklichen* Massen auf die Straße zu gehen muss damit rechnen, nach allen Regeln der Propaganda sozial geächtet zu werden, da er das eigentliche Problem der Machtpyramide ansprache, nämlich die soziale Ungerechtigkeit innerhalb des Apparates: den vom System gewollten und vorsätzlich organisierten Mangel auf allen Ebenen. Während die Massen zusehen müssen, wie sie zurechtkommen, lebt eine verschwindend kleine Gruppe an der Spitze des Systems wie die sprichwörtliche Made im Speck. Das alles ist nur durch die gezielte Anwendung der von den Sozialwissenschaften gewonnenen Erkenntnisse möglich. Der entscheidende Mangel, der dieses System stabil hält ist der Mangel an Wissen. Und eine Bevölkerung, die so wenig über das soziale »Betriebssystem« des Menschen weiß, kann recht einfach gegen die eigenen Interessen mobilisiert werden.

Abschließend sei noch ein Buch des niederländischen Historikers Rutger Bregman aus dem Jahre 2019 empfohlen. Es trägt den Titel *»Im Grunde gut: Eine neue Geschichte der Menschheit«* und setzt sich u.a. kritisch mit dem Milgram- und Stanford Prison-Experiment auseinander. Bregman führt in seinem Buch aus, dass die damaligen Forscher der Auffassung waren, Menschen seien von Natur aus tatsächlich eher böse als gut. Aus dieser Erwartungshaltung heraus wurden die damaligen Testpersonen von den Wissenschaftlern geradezu ermutigt, sich sadistisch zu verhalten. Mit neutraler Wissenschaft hätten die daraus folgenden Ergebnisse also wenig zu tun, so der Autor.

Aber auch wenn es stimmen sollte, was Bregman in seinem Buch darzulegen versucht, dass nämlich die Experimente mindestens unbewusst darauf angelegt waren, die Teilnehmer Böses tun zu lassen, widerspricht das nicht der Tatsache, dass Menschen generell bereit sind, sich einer Autorität unterzuordnen, um so dem Ausschluss aus der Gruppe zu entgehen. Wer dem Einzelnen mit Ausschluss aus der Gruppe droht, erntet mit hoher

Wahrscheinlichkeit absoluten Gehorsam. Es gilt daher: Der Mensch kann durch Autorität in jede Richtung manipuliert werden. Und obwohl das eigentliche Wesen des Menschen von Natur aus kooperativ und damit sozial ausgeprägt ist, können mittels Propaganda unnatürliche Verhaltensmuster etabliert werden, die ihn entgegen seiner angeborenen Menschlichkeit handeln lassen.

Wer dann noch beabsichtigt, dass der Mensch explizit und gleichsam eine krankhaft ver-rückte Seite zeigt, muss nur die Umstände ver-rücken:

- Er muss Niedertracht säen, Angst verbreiten und Denunziantentum belohnen.
- Er muss über den Hebel Angst den sozialen Kitt innerhalb der Gruppe korrumpieren.
- Er muss durch autoritäres Auftreten den Gehorsam der Massen erzwingen.

Wie der Mensch sich am Endes des Tages innerhalb der Masse verhält, hängt zudem vom jeweiligen Zeitgeist ab, welcher mittels Massenmedien und deren Propaganda passend hergestellt und dargereicht wird. Dies erfolgt im Auftrage Dritter, deren Macht sich vor allem aus dem Umstand ergibt, dass sie stets im Hintergrund agieren und damit weitgehend unsichtbar bleiben.

Kapitel 6 - Propaganda

Wie schon erwähnt, ist der »Erfinder« der modernen Propaganda der amerikanische Psychoanalytiker Edward Bernays. Bernays war der Neffe von Sigmund Freud und versuchte, dessen Erkenntnisse über das Unterbewusstsein des Menschen in der Praxis umzusetzen. Er war der festen Überzeugung, dass man die »großen Themen« vorgeben müsse, damit Entscheidungen in einer Demokratie überhaupt zustande kämen. Ohne Vorgaben käme es nur zu totalem Chaos. Bereits das erste Kapitel seines berühmtesten Buches »Propaganda« trägt daher die Überschrift: »Das Chaos ordnen«. Einige Auszüge lauten wie folgt:

»Die bewusste und intelligente Manipulation der organisierten Gewohnheiten und Meinungen der Massen ist ein wichtiges Element der demokratischen Gesellschaft.«

»Diejenigen, die diesen unsichtbaren Mechanismus der Gesellschaft manipulieren, bilden eine unsichtbare Regierung, die die wahre herrschende Macht unseres Landes ist.«

»Wir werden regiert, unser Geist wird geformt, unser Geschmack geformt, unsere Ideen vorgeschlagen, größtenteils von Menschen, von denen wir noch nie gehört haben. Dies ist ein logisches Ergebnis der Art und Weise, wie unsere demokratische Gesellschaft organisiert ist.«

»Wenn wir den Mechanismus und die Motive des Gruppendenkens verstehen, wird es möglich sein, die Massen, ohne

deren Wissen, nach unserem Willen zu kontrollieren und zu steuern.«

Es geht also um Kontrolle – auch in der Demokratie. Genaugenommen *gerade* in der Demokratie. Wir sollen zwar die Wahl haben, aber das, was wir wählen können, muss strengen Vorgaben genügen. Der Debattenraum muss von vornherein massiv eingeschränkt werden. Wir dürfen nicht wirklich über alles reden – und wir dürfen vor allem nicht mit jedem über alles reden. Wenn wir reden, dann nur in einem zuvor abgesteckten Rahmen *(engl.: frame)*. In ihm wird Konsens erzeugt, eine Art ideologischer Gleichschritt. Einigkeit statt Recht und Freiheit.

Konsens ist aber meistens Nonsens, denn er lässt nur wenige Blickwinkel zu. Wenn beispielsweise im besten Deutschland aller Zeiten zu einem beliebigen Mainstreamthema auch nur eine einzige abweichende Meinung existiert, etwa zu Verbrennungsmotoren, dem menschengemachten Klimawandel oder zu unbegrenzter Einwanderung, spricht die staatlich organisierte oder geduldete Presse schnell davon, die Nation sei *»tief gespalten«*. Das ist zwar absurd, aber längst gängige Praxis. Der Staat hat es am liebsten, wenn es zu seinen Themen keinerlei abweichende Meinung gibt. Er möchte Konsens. Der Linguist Noam Chomsky hat über die Mechanismen zur Herstellung von Konsens ein ganzes Buch geschrieben: *»Die Konsens-Fabrik«*. Fazit seiner Analyse: Wir können in der gelenkten Demokratie über ein zuvor abgestecktes Thema so viel reden wie wir wollen, und können entscheiden, wie wir dazu stehen, so lange das Thema nicht wirklich relevant ist.

Das ist ähnlich wie bei McDonalds. Wir können zwar zwischen einer Unmenge an möglichen Menüs wählen – aber auf Qualität und Zusammensetzung des Wareneingangs an der Hintertür haben wir null Einfluss. Und egal, was wir wählen, vorne am Counter bekommen wir Fett und Zucker.

Genau das gilt auch für die sog. *repräsentative Demokratie* und ihre offizielle Presse. Wir werden *informiert*, also in eine Form gebracht und erhalten letztlich Sand, der uns in die Augen gestreut wird. Das hat mit freier Meinungsbildung nur wenig zu tun – und ohne vom Staat unabhängige Informationsbeschaffung ist tatsächliche Demokratie unmöglich. Nur durch eine unabhängige Presse hat der Bürger die Chance, sich demokratisch zu betätigen und ggf. auch gegen die Interessen und Propaganda des Staates zu entscheiden. Die freie Presse ist das Immunsystem der Demokratie. George Orwell fasste es so zusammen: *»Wenn Freiheit überhaupt etwas bedeutet, dann das Recht, anderen Leuten das zu sagen, was sie nicht hören wollen«*

Zu der Frage, ob wir in einer Demokratie leben, bemerkte Angela Merkel einmal: *»Wir leben in einer marktkonformen Demokratie.«* Das bedeutet, dass wir in einer Demokratie leben, welche gelenkt wird von und im Sinne der besitzenden Klasse. Wir leben also in einer Eliten-Demokratie. Das erklärt, warum »unsere« Meinung, obwohl wir als Bevölkerung eher den unteren Teil der Pyramide verkörpern, so häufig mit der Meinung der Eliten konform geht. Wir haben sie von Medien eingetrichtert bekommen, die wiederum von den Eliten kontrolliert werden – weil sie ihnen gehört. Sie haben uns ihre Meinung rundweg so eingebrannt, wie man einem Vieh die Brandzeichen verpasst. Thomas Jefferson, als dritter Präsident der USA selbst Teil der Elite, gab es offen zu, als er einräumte: *»Demokratie ist, wenn zwei Wölfe und ein Schaf entscheiden was es zum Essen gibt.«* Das ist zwar pervers, wird aber dennoch perfektioniert und nach wie vor täglich als Waffe gegen jeden von uns eingesetzt. Die Eliten haben dazu eine ganze Unterhaltungsindustrie aufgebaut, um uns permanent mit schlafenden Programmierungen zu manipulieren. Sie haben unser Unterbewusstsein zum Komplizen für ihre Ideen gemacht. Alles, was den meisten bleibt – das konnten wir während der Corona-Zeit beobachten – ist dabei die Flucht in ein kollektives Stockholm-Syndrom. So lieben wir jetzt diejenigen, die uns unterdrücken und schlagen ein auf die, die uns einen Weg in die Freiheit aufzeigen. Diese Technik der Manipulation ist sehr gut erforscht und wird angewendet. Jeden Tag. Rund um die Uhr. Flächendeckend.

An der selbst ernannten »Letzten Generation« kann man aktuell erkennen, wo wir schon wieder stehen: Generation Gleichschritt, gehirngewaschen durch die Machtapparate der Eliten. Der neue Mob hat zwar Abitur, aber keinerlei eigene Perspektive. Er wird ferngesteuert und mit permanenter Panik vor dem planetaren Untergang auf Linie gehalten. Die Eliten benutzen diese entwurzelte Generation als Waffe gegen deren Eltern, um eigene globale Ziele durchzudrücken. *Die Letzte Generation* ist in Wahrheit das Sprachrohr des Geldadels, ohne sich darüber im Ansatz im Klaren zu sein – im Gegenteil, sie wähnen sich als Vertreter der Masse. Das alles ist das Ergebnis solide geplanter Gehirnwäsche. Karl Marx formulierte einst: *»Die herrschende Meinung ist die Meinung der Herrschenden.«*

Ohne die erste Niederschrift der Erkenntnisse der Sozial- und Verhaltensforschung durch Bernays im Jahr 1928, wäre diese Form der flächendeckenden Propaganda und Macht unmöglich. Seither werden die daraus abgeleiteten, einfachen Regeln angewandt, weil sie funktionieren.

Bereits Hitlers Minister für Propaganda, Josef Goebbels, hatte Bernays' Klassiker gelesen, verinnerlicht und befolgte bei seiner PR für das damalige Kanzleramt penibel die darin beschriebenen Techniken der Manipulation.

Propaganda ist bewusste, vorsätzliche Manipulation.

Propaganda ist eine völlig einseitige Berichterstattung mit dem Ziel der Anpassung des Individuums an die Masse mit allen Mitteln. Der Manipulator publiziert nur das, was vor allem vom Kern des Problems ablenkt und führt somit bewusst in die Irre. Am einfachsten ist dabei das Weglassen unterschiedlicher Meinungen oder Perspektiven, sodass nur ein Blickwinkel und damit auch nur ein Urteil möglich ist. So sind Lügen durch die Presse nicht zwingend notwendig, denn Lügen müssen ausreichend komplex sein, um nicht durch im Alltag auftretende Widersprüche erkannt zu werden.

Deutlich effektiver, weil weniger offenkundig als eine ausgeprägte Lügenpresse ist daher die sog. *Lückenpresse.* Der Bürger fühlt sich gut informiert, ist aber in Wahrheit ebenso angeschmiert. Damit das funktioniert, müssen kontrollierte Massenmedien die gewünschten Themen vorgeben und den Blick auf diese Themen kollektiv synchronisieren. Egal, welche Zeitung der Bürger kauft, oder welchen Fernsehsender er einschaltet: Zu jedem Mainstream-Thema muss überall dieselbe Haltung verkauft werden. Es liegt auf der Hand, dass hier die Mächtigen mit der Kontrolle über die Medien, also Staat und Konzerne, die Ohnmächtigen manipulieren, die nur konsumieren können.

Bleibt die Frage, weshalb das so ist.

Nun, in einer Demokratie kann es den herrschenden Eliten nicht egal sein, was die Leute auf der Straße oder an den Stammtischen über die Politik der Regierung denken und quatschen. Denn daraus könnten sich leicht politische Bewegungen entwickeln, die den Kurs der Entscheidungsträger gefährden. Um das zu verhindern, betreiben alle Regierungen Propaganda. Praktisch geschieht das, indem Spitzenjournalisten und Entscheidungsträger aus Politik und Wirtschaft in informellen Treffen zusammengebracht werden. Das können Clubs, Vereine, Konferenzen oder sonstige Foren sein, auch multinational. In diesen Zusammenkünften werden dann die zukünftigen politischen Themen nicht diskutiert, sondern es wird der berichtenden oder teilnehmenden Presse genau eine, nämlich die gewünschte Haltung dazu vermittelt. Man könnte es auch *festgelegt* oder *aufgedrängt* nennen.

Diese daraus resultierende Form des Journalismus ist frei von individueller Haltung und kann daher nur als *»Rudeljournalismus«* bezeichnet werden. Er wird mithilfe der bereits erwähnten, in den Sozialwissenschaften gewonnenen Erkenntnisse über das entsprechende Setting erreicht – denn auch Journalisten sind Menschen. Sie können daher mit denselben Techniken auf Linie gebracht werden wie Menschen ohne Presseausweis. Wer als Journalist erst einmal in diesen geschlossenen Zirkeln verkehrt, die immer verbunden sind mit entsprechenden Privilegien, etwa exklusiven Zugängen zu der oberen Etage der Macht oder teuren Einladungen zu Konferenzen in aller Herren Länder, verliert durch diese Form der sozialen Korruption schnell seine Objektivität. Er übernimmt die Haltung, die von den Initiatoren dieser Klubs zuvor festgelegt und über Panels und vermeintlich offene Diskussionsrunden vermittelt wird. Dabei wird sich immer das Werkzeug des sich damit verbundenen Gruppendrucks zunutze gemacht. Die Folge ist eine Selbstzensur, die sich die Journalisten selbst auferlegen, um weiterhin dazu zu gehören, die sprichwörtliche *»Schere im Kopf«*.

Wer als objektiver Neuling einen solchen Klub betritt und bemerkt, wie hier die Masse tickt, passt sich diesem Meinungsdiktat automatisch an – wir erinnern uns an Asch und Milgram. Als Belohnung für den Kotau vor der manipulativen Mehrheit winkt eine solide Karriere im System. Wer hingegen nicht mitspielt, wird weitgehend isoliert und gerne öffentlich an den Pranger gestellt. An ihm wird ein Exempel statuiert, er wird vom System als abschreckendes Beispiel »endverwertet«. Opportunismus wird also belohnt, der aufrechte Gang bestraft.

Einer dieser exklusiven Klubs ist die *Atlantik-Brücke.* Die Atlantik Brücke e.V., gegründet bereits 1952, ist eine der einflussreichsten Manipulationsorgane in der BRD. Das zentrale Ziel dieser »gemeinnützigen Organisation« wird wie folgt benannt: *»Die 1952 gegründete Atlantik-Brücke hat das Ziel, die Zusammenarbeit zwischen Deutschland, Europa und Amerika auf allen Ebenen zu vertiefen.«*

Beim Wort »vertiefen« denke ich als deutscher Staatsbürger reflexartig an die Sprengung der wichtigsten Energieverbindung der BRD. Am 26. September 2022 fielen drei der vier Stränge der Nord Stream-Pipeline einem Terroranschlag zum Opfer. Die BRD bezog über diese Leitung preisgünstiges Gas aus Russland, was für Deutschland ein wesentlicher Wettbewerbsvorteil war. Dieser ist seit der Sprengung dahin. Aber findet mit den Journalisten, die Mitglied in der Atlantik-Brücke sind, darüber eine Diskussion statt? Natürlich nicht, kein Wort. Es ist eine Schweigespirale wie bei der Mafia. Die Rechercheergebnisse des US-amerikanischen Pulitzerpreisträgers, der Reporterlegende Seymour Hersh, zur Sprengung von Nord Stream durch US-Spezialtaucher werden einfach ignoriert.

Der Grund, warum Seymour Hersh oder Geopolitik-Spezialisten wie Dr. Daniele Ganser nicht persönlich über ihre Recherchen in der Atlantik-Brücke sprechen können, ist einfach und steht schon auf der Startseite: *»Die Mitgliedschaft erfolgt auf Einladung.«*

Wenn Wissenschaftler, Journalisten oder sonstige Meinungsführer abweichende Ansichten zu offiziellen Narrativen haben, werden sie gar nicht erst eingeladen. Das erklärt, warum die Mitglieder der Atlantikbrücke, ca. 500 Personen aus Wirtschaft, Politik und Medien, bei allen relevanten Themen, immer einer Meinung sind. Lassen wir Dr. Arend Oetker zu Wort kommen, von 2000-2005 Vorstandsvorsitzender der Atlantik-Brücke: *»Die USA werden von 200 Familien regiert und zu denen wollen wir gute Kontakte haben.«* Es geht um gute Kontakte zum US-Geldadel, den US-Oligarchen und daraus wird kein Hehl gemacht. Sogar im Deutschen Bundestag wird zuweilen damit geprahlt, dass man Mitglied dieses exklusiven Gehirnwaschsalons sei. Jürgen Hardt von der CDU etwa ist stolz darauf und nennt auch gleich die Begründung, als er nach einer Kleinen Anfrage der AFD zur Causa Nord Stream ans Rednerpult im Deutschen Bundestag tritt: *»Seitens der CDU sind alle Redner, die heute hier am Pult stehen zu diesem Thema, Mitglied der Atlantik-Brücke e.V., und wir sind stolz darauf. Weil ich mich in meiner Geschichte und in der Geschichte meiner Familie nicht daran erinnern kann, dass Amerika irgendwann und irgendwo etwas Schlechtes gemacht hätte, was sich negativ auf mich und mein Leben ausgewirkt hätte. Im Gegenteil fällt mir da bei Russland 'ne Menge ein.«*

An diesem Beispiel kann man gut erkennen, auf welchem Niveau Sozialwissenschaften heute arbeiten: Der Mann ahnt nicht einmal, mit welchen Scheuklappen er durch die Welt geht. Alles, was Jürgen Hardt dazwischen zu sehen bekommt, hält er für Realität und es dämmert ihm nicht im Entferntesten, dass es Kräfte geben könnte, die sein Weltbild komplett kontrollieren. Hardt ist kein Einzelfall, wenn es um Führungspersonal in der BRD geht. Im Gegenteil – leider ist das sogar eher die Regel. Besonders gut kann man das auch bei den Journalisten der sogenannten Leitmedien erkennen, für die eine tatsächliche Unabhängigkeit vom Staat einen Karriereknick darstellen würde. Daher haben sich viele von ihnen bewusst entschieden, das zu publizieren, was von ganz oben gewünscht wird. Es handelt sich also um Hofberichterstatter. Schon der ehemalige SPD-Politiker und Bundeskanzler Helmut Schmidt wusste es treffend auszudrücken: *»Wenn man ganz genau hinschaut, dann sieht man, dass die politischen Journalisten eigentlich mehr zur politischen Klasse gehören und weniger zum Journalismus.«*

Die Gründungsmitglieder der Atlantik-Brücke waren mitnichten unbeschriebene Blätter, sondern allesamt Personen, die von den USA als politisch zuverlässig eingeordnet wurden:

- Die deutschen Bankiers **Eric M. Warburg** und **Gotthard Freiherr von Falkenhausen**
- Der amerikanische Bankier und Direktor des amerikanischen *Council on Foreign Relations* **John J. McCloy**, ehemals Chef der Weltbank und Vorstandsvorsitzender der Rockefeller-Bank *Chase Manhattan*. Er agierte nach 1945 als höchster Vertreter der USA im besiegten Deutschland.
- **Marion Gräfin Dönhoff** und **Ernst Friedlaender**, die Herausgeber der Wochenzeitschrift DIE ZEIT, sowie
- die Hamburger Unternehmer und Politiker **Erik Blumenfeld** und **Max Brauer**, der Unternehmer **Hans Karl von Borries**, der Präsident des Deutschen Industrie- und Handelstages **Albert Schäfer** und der Berliner Oberbürgermeister **Ernst Reuter**.

DIE ZEIT ist bis heute das wichtigste gedruckte Verlautbarungsorgan der Atlantik-Brücke. In ihr wird nach wie vor der politische Gleichschritt mit den USA für das deutsche Bildungsbürgertum publiziert. Naiv wäre es, anzunehmen, dass sich eine solch einflussreiche Organisation wie die Atlantik-Brücke ohne die Zustimmung des amerikanischen Auslandsgeheimdienstes CIA gründen könnte. Wie sehr die CIA ihre Finger im Spiel hatte (und hat), kann man unter anderem daran erkennen das DIE ZEIT bis heute den sogenannten *Vernon A. Walters-*

Award verleiht, eine Art Belobigung für gutes Betragen im Sinne der Atlantik-Brücke. Walters war unter George Bush senior stellvertretender CIA-Direktor. Unter seinem Zutun wurden Staatsstreiche umgesetzt und Demokratien beseitigt, u.a. 1954 in Brasilien und 1973 in Chile.

Als 1989 die alte Bundesrepublik mit dem Mauerfall beschäftigt war und die Regierung noch nicht in Berlin weilte, wurde Vernon Walters aus dem Ruhestand geholt und von Bush als neuer Chef der US-Botschaft in Bonn installiert. Sein Auftrag war vor allem, die Reste der UdSSR vollkommen zu zerschlagen und dafür zu sorgen, dass das wiedervereinigte Deutschland ein treuer Vasall blieb. Diese Agenda wurde auch bereits 1952 vom ersten NATO-Generalsekretär Lord Ismay formuliert. Danach habe die NATO drei Aufgaben: die UdSSR von Westeuropa weg, die Amerikaner in Westeuropa drinnen und die Deutschen klein zu halten *(»to keep the Soviet Union out, the Americans in, and the Germans down«)*.

Die NATO wurde übrigens vor dem *Warschauer Pakt* gegründet, sie existiert seit 1949. Der Warschauer Pakt hingegen entstand erst 1955 als Reaktion auf die Gründung der NATO. Zudem endete er 1991 mit dem Zerfall der UdSSR. Auch wenn die Westpresse es gerne so darstellt, als würde die NATO lediglich auf russische Aktionen reagieren, war es von Anfang an meist umgekehrt: Die Russen reagieren. Selbst die sogenannte Kubakrise entstand, weil die Russen als Reaktion auf die Stationierung amerikanischer Raketen in der Türkei anfingen, russische Raketen vor den Toren der USA auf Kuba zu installieren. Erst als der damalige amerikanische Präsident John F. Kennedy, dem diese Tatsache zum Anfang der Eskalation nicht einmal bekannt war, sich mit seinem sowjetischen Amtskollegen Nikita Chruschtschow auf einem inoffiziellen und kurzen Dienstweg darauf einigte, die US-Raketen aus der Türkei heimlich wieder abzuziehen, verschwanden auch die russischen Raketen wieder von Kuba. Wohl kaum einer wird sich daran erinnern, diese Geschichte **so** in der Schule gelernt oder in den Medien gehört zu haben.

Die NATO ist ein Bündnis, das sich offiziell als Verteidigungsbündnis versteht, aber spätestens seit ihrem völkerrechtswidrigen Angriffskrieg gegen die souveräne Bundesrepublik Jugoslawien im Jahr 1999 und ihre darauffolgende Zerschlagung wissen wir, dass die NATO ein Angriffsbündnis ist. Ismays Formulierung passt also bis heute. Die Eindämmungspolitik gegenüber Deutschland und Russland sieht man aktuell gerade wieder besonders deutlich. Damit das auch so bleibt, muss die deutsche Presselandschaft zwangsumarmt werden, etwa in CIA-Logen wie der Atlantik-Brücke, in der sich sämtliche wirklich einflussreichen deutschen Medienvertreter finden – vom Intendanten bis zum Ressortleiter. Egal ob wir *ARD, ZDF, Spiegel, Zeit, Tagesspiegel, Süddeutsche Zeitung, Arte, RTL* oder das *ManagerMagazin* konsumieren, immer wäscht uns die Atlantik-Brücke das Gehirn.

Natürlich nennt man diese Organisationen nicht »Gehirnwäschezentrum«. Man nennt sie *Think-Tank*, zu deutsch *Denk-Fabrik* oder *Ideen-Schmiede,* was nahelegen soll, es würden dort gemeinsam Ideen entwickelt. Unser Gehirn gerät dabei allerdings unter den Propaganda-Hammer, denn erdacht werden die Ideen weit vorher – sie werden dort nur in die Gesellschaft injiziert. Indes demonstrieren die der Atlantik-Brücke angeschlossenen Journalisten den perfekten ideologischen Gleichschritt und schreiben mitnichten für deutsche Interessen, sondern vor allem für US-amerikanische. Dafür sind sie fest eingebunden in weitere US-Organisationen wie etwa den *Council on Foreign Relations*, die *Trilaterale Kommission* oder die *Bilderberg-Konferenz*. All diese Netzwerke dienen der Propaganda und damit der totalen Gleichschaltung des Zeitgeistes. Diese führt im Idealfall zu totaler Verblödung, z. B. dem Märchen von der gefährlichen Abhängigkeit der BRD von russischen Gaslieferungen. Deutschland hatte immer die Freiheit, anstelle des durch langjährige Abnahmeverträge billigen russischen Gases auch US-amerikanisches Fracking-Gas zum vierfachen Preis zu kaufen – daran aber naturgemäß wenig Interesse. Seit der Sprengung von Nord Stream hat die BRD diese Wahlfreiheit nicht mehr.

Für den Industriestandort BRD bedeutet das in Wahrheit: Erst *jetzt* sind wir erpressbar, *jetzt* sind wir abhängig – nämlich von US-amerikanischen Gaslieferungen. Die USA sind unterdes zum größten Gaslieferanten Europas aufgestiegen und haben bereits angekündigt, ihr katastrophal umweltschädlich erzeugtes Fracking-Gas nur noch bedingt zu exportieren, aus »Klimaschutzgründen«, wie es offiziell heißt. Diese durch die Nord Stream-Sprengung erzeugte Abhängigkeit wird uns als Unabhängigkeit verkauft, vor allem durch die Journalisten der Atlantik-Brücke. Sie zwingen uns über die Massenmedien bei allen geopolitisch relevanten Themen in den ideologischen Gleichschritt. Egal ob Russland, China, Terrorismus, Atomkraft, Corona oder Klima – wir alle sind, ohne es zu merken, im Focus einer gigantischen Zensur-Industrie, die längst auch das Internet und die sog. *sozialen Netzwerke* ins Visier genommen hat.

Der *militärisch-industrielle-Komplex* diktiert heute zusammen mit dem *digital-finanziellen-Komplex* von den USA aus auch in Europa, welche Inhalte – und damit ebenso private Meinungen – noch erlaubt sind und welche zu verschwinden haben. Seit der Coronazeit können wir die Auswirkungen dieser Zensur durchgehend erleben. Wer von den Regierungserzählungen abweichende Informationen erwähnte oder gar nachweisen konnte, wurde blockiert, gelöscht oder bekam Besuch von Spezialeinheiten der Polizei – vor allem, wenn er Arzt war. Ein Digitalkonzern, der den Zensurvorgaben des Pentagons nicht nachkommt, wird selbst ins Visier genommen, man erinnere sich an die Unterwanderung der sog. *Community Guidelines* von Twitter und YouTube oder den vorauseilenden Gehorsam eines Mark Zuckerberg. Und der Gründer der Plattform Telegram, Pawel Walerjewitsch Durow, wurde im August 2024 in Paris auch nicht wegen Falschparkens festgenommen und für ein paar Tage hinter Gittern gebracht. Er wurde „überzeugt", seinen Kanal Telegram für staatliche

Akteure zu öffnen, um Inhalte zu löschen, die pauschal als Fakenews deklariert wurden. Zensur dient heute offiziell dem Erhalt der Meinungsfreiheit!

Das Recht auf freie Meinungsäußerung im Netz wird damit zunehmend eingeschränkt. Wer die deutsche Regierung kritisiert, wird neuerdings kriminalisiert – er wird *ge-faesert.* Eine abweichende, gar regierungskritische Meinung gilt als gefährliche Desinformation und wird zum direkten Angriff auf die Demokratie und seine Institutionen umgedeutet. Ursula von der Leyen erklärte 2024 in Davos, dass der Kampf gegen den Klimawandel jetzt erst einmal von Platz 1 der Agenda verdrängt sei. Die nächsten Jahre ginge es vor allem um den Kampf gegen *Desinformation* und sogenannte *fake news*, was in den Augen der Leyendarstellerin Ursula alle Ansichten zu allen Mainstreamthemen sind, die vom offiziellen Narrativ abweichen. Widerspruch wird als *Delegitimierung des Staates* ausgelegt und Kritik an der Regierung hernach zu einem kriminellen Akt, der strafrechtliche Folgen nach sich ziehen kann – George Orwell lässt grüßen.

Demokratie jedoch lebt von Meinungsvielfalt. Wenn sie keinen Widerspruch, keine Opposition mehr duldet, ist sie keine Demokratie mehr, sondern ein Spitzel- und Gängelungsstaat, eine Meinungsdiktatur. Wo alle nur die Meinung der Regierung zu vertreten haben, wird es für Bürger, die noch selber denken, gefährlich.

Kapitel 7 - Flöhe (oder: Die Schockstrategie)

Die sog. Schockstrategie ist eine weitere, durch die Verhaltensforschung erforschte Methode. Sie wurde zuerst experimentell an Flöhen erforscht, funktioniert aber genauso gut, um Menschen in der Masse auf die Knie zu zwingen.

Das Experiment funktionierte wie folgt: Man schloss Flöhe für drei Tage in eine Art Marmeladenglas mit Deckel ein. Die Höhe des Glases betrug etwa sieben Zentimeter. Das führte dazu, dass die Flöhe in ihrer ihnen angeborenen Methode, sich vermittels einer Sprunghöhe von 15 bis 20 cm zu bewegen, stark eingeschränkt wurden. Als die Wissenschaftler nach nur drei Tagen den Deckel des Glases wieder entfernten, hatte sich bei den Flöhen eine erstaunliche Anpassung etabliert: Sie hatten das Springen jenseits der 7 cm verlernt und kehrten zu ihrem bisherigen Verhalten auch nicht mehr zurück. Am erstaunlichsten aber war die Beobachtung, dass der Nachwuchs der Flöhe diese Anpassung übernahm und wie die Elterngeneration nie versuchte, höher als ca. 7 cm zu springen. Das ist die Auswirkung der Schockstrategie und sie konnte schon bei der nächsten Generation etabliert werden. Freiheiten, die einmal kassiert wurden, werden sehr schnell als neue Normalität akzeptiert und die nächste Generation kommt nur selten auf die Idee, sich diese Freiheiten zurückzuholen. Flöhe und Menschen ticken da ähnlich.

Natürlich waren es einmal mehr die Sozialwissenschaften, die sich dafür interessierten, ob nur Flöhe so reagieren. Denn das, was die Flöhe erlebt hatten, nennt man *erlernte Hilflosigkeit*. Sie wird an die nächste Generation vererbt und genau darin liegt auch ihr Reiz für die Machteliten. Wenn sich die Welt von einem Moment auf den anderen extrem ändert, sind Lebewesen in der Lage und bereit, sich auch extrem zu ändern, also sich anzupassen oder unterzuordnen und akzeptieren extreme neue Regeln. Diese Schockstrategie wird in der Politik regelmäßig angewendet, zuletzt natürlich durch die Coronamaßnahmen.

Die Strategie der Umerziehung durch Schock ist in ihrer Wirkung erforscht und gewollt. Naomi Klein schrieb 2006 einen Bestseller dazu. *»Die Schock-Strategie. Der Aufstieg des Katastrophen-Kapitalismus«*

Bill Gates und der Rest der Welt

Corona war der Ausnahmezustand und der wurde von ganz oben verkündet, z.B. durch Bill Gates, der am 12. April 2020 sogar in den ARD *tagesthemen* auftreten durfte. Gates war zwar offiziell als Philanthrop und »Experte« geladen, in Wirklichkeit aber natürlich vor allem als Pharma-Vertreter, der seine Interessen vertritt. Gates hatte zuvor Milliarden in die Pharma-Branche investiert und nutzte jetzt die ARD zur prime time als Werbeplattform, um seine experimentellen Arzneimittel unter dem verharmlosenden Label »Impfstoffe« unters

Volk zu bringen: *»Wir werden den zu entwickelnden Impfstoff letztlich sieben Milliarden Menschen verabreichen.«* Der Moderator der Sendung, Ingo Zamperoni, stellte dem Milliardär Bill Gates nicht eine einzige kritische Frage. Dabei fallen auch einem journalistischen Anfänger leicht ein paar nahe liegende Fragen ein: *»Wen meinen Sie, Herr Gates, wenn sie von WIR sprechen?«* Oder: *»Sind Sie, Herr Gates, in irgendeiner Form wirtschaftlich an der Herstellung der von ihnen angepriesenen Impfmittel beteiligt? Haben Sie relevante Aktienpakete der entsprechenden Pharmafirmen?«* All das fragte Zamperoni nicht: Der Frontmann der *tagesthemen* ist Mitglied der Atlantik-Brücke. Kritische Nachfragen kommen ihm gar nicht mehr in den Sinn.

An dieser Stelle sei angemerkt: Gates hatte über Jahre viele Millionen US-Dollar an unterschiedlichste Presse- und Medienportale weltweit bezahlt, um diese zu »unterstützen«. Früher war man ehrlicher und sagte *Bestechung* dazu. Auch DER SPIEGEL in Hamburg wurde während der Coronamaßnahmen so zum Sprachrohr des US-Milliardärs. So schrieb der SPIEGEL im Anschluss pauschal und unaufhaltsam, wie prima doch die mRNA-Technologie sei und dass eine Impfung gegen Covid dank der neuen Impfstoffe das Beste sei, was der Menschheit passieren könne. Stimmen, die etwas anderes behaupteten oder vor Nebenwirkungen warnten, wurden vom SPIEGEL öffentlich fertiggemacht. Sie galten und gelten für das Blatt bis heute als gefährliche Schwurbler.

Gates hatte in der Tat neben seinen Zuwendungen an die Presse auch Millionen in diverse Pharmafirmen investiert, z.B. 55 Millionen Dollar in die deutsche Firma BioNTech. Sie machte während der Coronamaßnahmen einen Milliardengewinn, denn die Aktie stieg dank permanenter Propaganda für mRNA-Spritzen und weltweiter Bestellungen um den Faktor 10. Wenig später stieg Bill Gates, völlig unbemerkt von derselben Presse, die von Gates unterstützt wurde, bei BioNTech wieder aus. Er hatte inzwischen rund eine halbe Milliarde Dollar mit der BioNTech-Aktie verdient – steuerfrei. Die Begründung: *»Wir müssen auch die drei Probleme der Covid-19 Impfstoffe lösen. Die derzeitigen Impfstoffe blockieren die Infektion nicht. Sie sind nicht breit gefächert, sodass man den Schutz verliert, wenn neue Varianten auftauchen, und sie haben eine sehr kurze Wirkungsdauer, insbesondere bei Menschen, auf die es ankommt, nämlich bei alten Menschen.«*

Das klingt merkwürdig für einen Menschen, der vorgibt, dass es ihm nur um medizinische Forschung geht. Diese offensichtlichen Defizite bei den Medikamenten hätten gerade einen Philanthropen eigentlich dazu bringen müssen, *jetzt erst recht* zu investieren. Warum also hat Bill Gates unbehelligt das Gegenteil getan und sich zurückgezogen? Wusste er als einer der ehemaligen Hauptaktionäre bei BioNTech mehr als wir? Man kann wohl davon ausgehen. Kurz nach dem Ausstieg des Herrn Gates bei BioNTech, der von der Mainstreampresse irgendwie komplett übersehen wurde, veröffentlichten die israelischen Forscher Joshua Guetzkow und Retsef Levi ein Papier, das sich mit dem BioNTech-Pfizer Impfstoff beschäftigte, insbesondere mit dessen Herstellungsverfahren. Beide Forscher gehören nicht der Pharma-Industrie an, einer ist Mathematiker, der andere Kriminologe, sie sind somit unabhängig und veröffentlichten ihren Bericht im angesehenen *British Medical Journal*, das meinen Recherchen nach keine Zuwendungen von der Bill & Melinda Gates-Stiftung erhalten hat.

Guetzkow und Levi nahmen sich die internen Pfizer-Papiere vor, mit denen das Unternehmen seine Zulassung für den Impfstoff erhalten hatte. *»Hatten BioNTech und der Konzern Pfizer etwas zu verbergen?«*, war die Frage. Zumal der Konzern die nämlichen Papiere nicht freiwillig rausgerückt hatte – sie mussten zunächst freigeklagt werden. Was die beiden Forscher fanden, muss man als den größten Medizinskandal in der modernen Geschichte bezeichnen.

Um für die neuen sogenannten Impfstoffe eine schnelle Zulassung zu erhalten musste Pfizer ein teures, aber sicheres Herstellungsverfahren wählen, das intern *Process 1* genannt wurde. Hierbei wird die benötigte RNA maschinell hergestellt. Das Verfahren ist klinisch extrem sauber und Kontaminationen dementsprechend selten. Genau dieses saubere und sichere Verfahren wurde den Behörden, etwa der *Europäischen Arzneiaufsicht (EMA)* von BioNTech-Pfizer vorgelegt, woraufhin es bekanntlich die an sich schon skandalösen schnellen Notzulassungen gab. Im Anschluss stellte BioNTech-Pfizer intern auf einen *Pro-*

cess 2 um. In diesem Verfahren wird die RNA nicht mehr maschinell kopiert, sondern von Bakterien. Das ist nämlich erheblich billiger, nur erhält man dabei ein Produkt, das teils extrem verunreinigt ist. Um es als Impfstoff auf den Markt zu bringen, wäre ein aufwendiges Reinigungsverfahren nötig – aber genau das sparte sich Pfizer.

Aus den internen Pfizer-Papieren geht zudem hervor, dass der Konzern seine schmutzigen Erzeugnisse in einer internen Studie selbst testete und genau wusste, was er im Anschluss skrupellos in den Handel brachte: Nur 55 % der RNA in den Chargen war intakt. 45 % waren dementsprechend genetischer Müll. Dieser führte zu massiven Nebenwirkungen, wie Pfizer dabei herausfand. Der Konzern handelte demnach mit Vorsatz.

Die Tests wurden bei Pfizer ausschließlich bewusst verfälschend, an vollkommen gesunden Personen durchgeführt – und das auch nur ein einziges Mal. Um ihn mit dem sauberen Produkt zu vergleichen, für das man zuvor die Zulassung erhalten hatte, wurde insgesamt lediglich 250 Personen unter 22 Jahren der kontaminierte Stoff gegeben. 40 % der Impflinge erlitten dabei jedoch unmittelbar nach der Verabreichung schwere Nebenwirkungen.

Eine weitere Untersuchung gab es darüber, inwieweit die schmutzigen *Process 2*-Impfstoffe bei Frauen zu außerplanmäßigen Blutungen führen würden. Diese könnten z.B. eine bereits bestehende Schwangerschaft zum Abbruch bringen. 13,1% der Frauen, an denen das verschmutzte Produkt ausprobiert wurde, klagten über Blutungen, die nicht hätten eintreten dürfen. Beim ursprünglichen Produkt aus *Process 1* lag die Quote bei 0,7 %, was eine Steigerung der Nebenwirkung um 1800 % bedeutet. Das alles wurde von Pfizer erfasst und aufgezeichnet.

Wer das alles weiß, und das verschmutzte Produkt dennoch in den Verkauf bringt, handelt nicht nur kriminell, sondern weiß, was er tut und *will* all diese Nebenwirkungen. Er will, dass Menschen möglichst zahlreich an der Impfung sterben oder in ihrer Fortpflanzung beeinträchtigt werden. Das Produkt kann keine der versprochenen Wirkungen vorweisen, da seine Herstellung nach der Zulassung bewusst verändert wurde, um dann ein möglichst schädliches Produkt zu verabreichen.

Das alles geschah nicht vollkommen im Verborgenen, sondern fiel recht schnell sogar den Zulassungsbehörden auf, so auch der EMA. Sie erklärte daraufhin kurzerhand, dass eine verschmutzte Charge aus *Process 2* so sicher sei wie eine aus *Process 1*, obwohl sie laut der internen Pfizer-Studie nachweislich zu 40% schwere Nebenwirkungen bei zuvor völlig gesunden Testkandidaten hervorrief. Daraus ergibt sich eine Frage: Wie korrupt sind eigentlich unsere sogenannten Zulassungsbehörden? Der Verdacht liegt nahe, dass sie Teil des Spiels sind. Und die von Gates »unterstützte« Presse schweigt zu all dem. Die »unabhängigen« Forscher, die von Gates über sogenannte *Drittmittel* gefördert werden, schweigen ebenfalls. Nur wer haftet nun für die Schäden?

Die Pharmaindustrie hat sich zwar schon im Vorfeld in entsprechenden Hinterzimmer-Deals von jeglicher Haftung freisprechen lassen. Allerdings galt dieser Haftungsausschluss für das Produkt, das von der EMA eine Zulassung erhalten hatte. Dieses Produkt basierte zwingend auf dem Herstellungsverfahren *Process 1* – nur wurde ebendieser im Anschluss geändert. Damit ist der Haftungsausschluss obsolet.

Was wünscht sich der Autor dieses Buches?

Die Pharma-Industrie muss zu 100 % zur Kasse gebeten werden. Die verantwortlichen Politiker und Behördenvertreter müssen sich vor Gericht der vorsätzlichen Körperverletzung an Milliarden Menschen verantworten. Die Presse, die das alles nicht sehen will, gehört an den Pranger und nicht an den Kiosk. ARD und ZDF müssen 45% ihrer Gebühren in einen deutschen Impfopfer-Fonds einzahlen, der zu gründen ist. Aber so etwas wird nur passieren, wenn wir, die Bürger, auf die Straße gehen und Druck machen, auch gegenüber der Justiz, die ebenfalls nichts unternimmt, um dieses Kapitalverbrechen aufzuklären.

Fassen wir zusammen: Wir alle wurden bewusst zu Versuchskaninchen gemacht. Wir wurden vorsätzlich getäuscht und geschädigt. Die Nebenwirkungen sind die *eigentlich* gewünschten Wirkungen und wurden weltweit durchgeboxt. Gates bekannte schon 2015, dass durch Impfungen die Weltbevölkerung reduziert werden könnte. Er sagte es ganz offen: »Vaccines can help reduce world population.« Ob mich diese Aussage wohl wütend machen würde, wenn ich einen Impfschaden erlitten hätte? Und erklärt sie die extrem hohe Übersterblichkeit in Anschluss an die Massenimpfungen mit den Präparaten, für die der Hersteller schon im Vorfeld keine Haftung übernahm? Erklärt sie die überdurchschnittliche Fehlgeburtenrate bei Schwangeren, die sich haben impfen lassen? Erklärt sie die signifikant abgenommene Fruchtbarkeit bei Männern, die sich eine Charge der Pharma-Plörre haben verpassen lassen? Erklärt sie, warum die Zahl der pflegebedürftigen Menschen seit der Corona-Impfung von 50.000 auf 360.000, mithin um 700% gestiegen ist? Sprechen wir es offen aus: Ja.

Spätestens, seit die RKI-Files Mitte Mai 2024 in der ungeschwärzten Version gelesen werden können, muss man einräumen, dass alle sogenannten Verschwörungstheoretiker richtig lagen.

1. Das Corona-Virus, mit dem wir es während der sogenannten Pandemie zu tun hatten, stammte aus dem Labor. Es wurde wissentlich und mit amerikanischen Forschungsgeldern im *Wuhan Institute of Virology* für den Einsatz am menschlichen Organismus gezüchtet. Damit handelt es sich um eine Biowaffe. Was bisher nur als Gerücht galt, ist damit offiziell. Charité-Superstar Christian Drosten wurde, schon bevor diese Fakten nicht mehr vertuscht werden konnten, auf seine Verbindungen nach Wuhan befragt. Er sagte gegenüber der ZEIT: *»Ich habe keine persönlichen Verbindungen zu den Leuten in Wuhan und bin noch nie*

in dem Institut gewesen«. 2015 allerdings fand in Berlin ein deutsch-chinesisches Symposium zum Thema Infektionskrankheiten statt. Bei diesem Treffen traf Prof. Drosten nachweislich mit der Virologin Shi Zengli vom WIV zusammen. Es ging sogar ganz offiziell um »Perspektiven für die künftige Zusammenarbeit«. Damit hat Drosten gegenüber der ZEIT nicht einmal gelogen. Er hat keine persönlichen Verbindungen nach Wuhan – nur berufliche. Wie einfach es doch ist, durch die richtige Wortwahl nicht zu lügen und dennoch nicht die Wahrheit zu sagen.

2. Es gab während der sogenannten Corona-Krise zu keinem Zeitpunkt eine wissenschaftlich begründbare Notwendigkeit für Lockdowns, Masken, Freiheitseinschränkungen und das aggressive Bewerben eines nicht ausgereiften Impfstoffes. Wie aus den RKI-Files eindeutig hervorgeht, wurde im März 2020 vorsätzlich »hochskaliert«, weil Lobbyisten und Politik dies so angeordnet hatte. Die Wissenschaft kuschte und ist damit Teil des kriminellen Pharmakartells, dem es darum ging, den Bürgern unter allen Umständen eine oder mehrere Spritzen mit mRNA-Präparaten zu verpassen.
3. Dass es sich bei dem Virus um eine künstlich erschaffene Laborvariante handelte, war dem RKI zu dieser Zeit längst bekannt.
4. Es gab im Vorfeld der sogenannten Pandemie eine Reihe von Simulationen, wie im Falle einer entsprechenden Situation zu verfahren sei. Die bisher bekannteste dieser Übungen trug den Namen *Event 201*. Sie wurde unmittelbar vor dem Ausbruch der Krise, im Oktober 2019, in

> New York durchgespielt. Die Hauptveranstalter waren die *Johns Hopkins-Universität*, das *Weltwirtschaftsforum (WEF)* und die allgegenwärtige *Bill & Melinda Gates Foundation (BMGF).* Keine drei Monate später geschah dann exakt das, was kurz zuvor noch geübt und an weltweiter Synchronisation einstudiert worden war. Zufall?

Wer das immer noch glauben möchte, dem sei eine Übung namens *»Lock Step«* der Rockefeller-Stiftung aus dem Jahre 2010 ans Herz gelegt. *Lock Step* bedeutet zu deutsch *Gleichschritt.* In dieser Übung beschäftigte man sich damit, wie ein aus dem Nichts auftauchendes, gefährliches Corona-Virus die Welt verändern würde. Alles was man 2010 voraussagte, traf 2020 exakt so ein. Zehn Jahre vor den weltweiten Coronamaßnahmen erarbeitete und simulierte die Rockefeller-Stiftung die globalen Folgen einer solchen Labor-Pandemie bis ins Detail. Nachfolgend einige Stichpunkte:

- hohe Ansteckungsgefahr und hohe Sterblichkeit
- überforderte Gesundheitssysteme vieler Nationen
- Wirtschaft am Boden
- internationale Mobilität von Personen und Gütern stark behindert
- Tourismus kommt zum Erliegen
- globale Lieferketten werden unterbrochen
- Einzelhandelsgeschäfte werden geschlossen
- wenig autoritäre Maßnahmen scheitern, autoritärer Ansatz funktioniert besser
- Nationen eifern autoritärer, stark überwachender Vorgehensweise nach (China)

- autoritärer gewordene Herrschaftsformen halten sich auch nach der Pandemie
- verängstigte Bevölkerungen begrüßen mehr Überwachung
- biometrische Identitätserfassung erhält Auftrieb
- mehr staatliche Kontrolle über Industrien, die für das nationale Interesse lebenswichtig sind
- eine multipolare IT-Welt mit US-Dominanz
- philanthropische Stiftungen werden Teil der Außen- und Sicherheitspolitik

Die Rockefeller Foundation hat 2017 die Anschubfinanzierung für *ID2020* bereitgestellt, eine Initiative, um jedem Weltbürger bis 2030 eine global lesbare biometrische Identität zu geben. Partner dieser Idee sind *Microsoft* und die *Impfallianz GAVI,* also wieder einmal Bill Gates. Gates und seine Kaste, die Kaste des Geldadels will, dass die Welt vor allem nach ihrer Pfeife tanzt. Das Geräusch, das diese Pfeife von sich gibt, wird unseren Ohren von den Medien als Rettung verkauft, während es in der Realität Bill Gates immer reicher und damit immer einflussreicher macht. Allein die deutsche Bundesregierung finanziert 31 Projekte und Programme, an denen die Gates-Stiftung beteiligt ist, bei 24 ist sie sogar der einzige Partner. Gates bestimmt also allein, was mit all dem Steuergeld passiert, das die Regierung an ihn überweist. Wir sprechen hier von 3,8 Milliarden Euro, die er dann auf die eigenen Projekte verteilen kann, wie er will.

Philanthropie ist ein Geschäftsmodell. Man gibt vor, ein soziales Projekt fördern zu wollen, investiert selbst ein paar Millionen als Anschubfinanzierung und kassiert dann ein Vielfaches an Steuergeldern von den Regierungen der Staaten, in denen man seine Lobbyisten installiert hat. Das eingesammelte Geld geht dann zu mindestens 80% an Firmen, von denen der Philanthrop vorher relevante Aktienanteile erworben hat. So wird er mit jedem Projekt nicht nur immer reicher, sondern übernimmt so auch langsam aber sicher die Kontrolle über zunehmend mehr Bereiche von Forschung, Wissenschaft und des öffentlichen Lebens.

Neben der Gesundheit hat sich die Gates-Stiftung auch dem Ernährungssektor verschrieben. Gates ist ein großer Fan von genmanipulierten Lebensmitteln und daher natürlich Investor in Agrar-Konzernen, welche diese zur Marktfähigkeit entwickeln. Kleinbauern und Familienbetriebe, die noch traditionell arbeiten, sind da nur im Weg, da sie unabhängig sind. Bill Gates ist inzwischen der größte private Inhaber von Ackerland in den USA und er kauft weltweit weiteres Land. Besonders dort, wo Kleinbauern aufgeben müssen, da sie die wie durch Zufall immer weiter ausufernden Auflagen ihrer Verbände und Regierungen nicht mehr erfüllen können, ist Gates unmittelbar zur Stelle. Auch in der Ukraine geht es daher in Wahrheit um Bodenschätze und um Boden selbst, denn die Ukraine ist die »Kornkammer Europas«. Schon seit vor Beginn des Krieges kaufen sich Lebensmittelkonzerne aus dem Westen über Strohmänner in der Ukraine ein und greifen dort nach der legendären Schwarzerde. Wer diese Kornkammer kontrolliert, kontrolliert erhebliche Anteile der Nahrung, die ein Mensch zum Überleben benötigt, z.B. in Afrika. Wenn dort nichts mehr ankommt, sinkt die Geburtenrate – und zwar so lange bis wieder geliefert wird. Und niemand kann einen Konzern zwingen, liefern zu müssen …

Wir erleben einen vollkommenen frei drehenden Markt, der von einer Handvoll Großaktionäre kontrolliert wird, die sich hinter US-Agrar-Riesen verstecken. *Cargill, Dupont, Monsanto* – die immer gleichen Namen mit den immer gleichen Großaktionären. Zusammen besitzen diese drei inzwischen ein Drittel der Ukraine, was der Fläche Italiens entspricht. Dazu kommt dann noch der von den USA dominierte *»Internationale Währungsfonds« (IMF)*, der zukünftigen Krediten zum Wiederaufbau der Ukraine immer nur dann zustimmt, wenn im Gegenzug weiteres wertvolles Ackerland oder Wasserquellen zum Spottpreis an die erwähnten Konzerne oder Investoren verhökert werden. An vorderster Stelle der Großaktionäre steht *Blackrock,* die bösartigste unter den Finanzkraken, die auch den ukrainischen Präsidenten Selenskij direkt berät. Jeder einzelne Tag, an dem die Ukraine, auch mit deutscher Hilfe, Krieg führt, zieht das Land tiefer in die Schuldenfalle – das ist das Ziel. Erst wenn das komplette Tafelsilber vollständig an eine Handvoll US-Milliardäre verschachert wurde, wird auch Deutschland auf Verhandlungen setzen und damit den »Empfehlungen« aus Übersee Folge leisten.

US-Digitalkonzerne und der Rest der Welt

Den Empfehlungen aus Übersee wird ebenso gefolgt, wenn es um unser aller Daten geht, Stichwort: *Digitale Identität.* Diese Nötigung des Staates, uns in Zukunft vollkommen gläsern gegenüber dem Machtapparat zu machen, wird uns seit Jahren als »Bürgerrecht« verkauft. Vermutlich ist damit das Recht gemeint, sich vom Staat und seinen Beratern bespitzeln zu lassen. Und wieder ist Bill Gates an vorderster Front. Er pusht überall seine angebliche selbstlose Idee der sogenannten Digitalen Identität, die bis 2030 im Rahmen des *Great Reset* flächendeckend umgesetzt sein soll. Bill Gates bietet seit Langem diversen Staaten kostenlose Plattformen für dieses Projekt an. Auf diese Weise gelangt er nebenbei an unser *aller* Gesundheitsdaten. Das passt ihm gut, denn so können die zukünftigen Impfprogramme der WHO, deren größter Einzel-Unterstützer wie zufällig auch die BMGF ist, individuell auf jeden von uns abgestimmt werden.

Diese Liste der Einflussnahme durch nur einen Mann könnte man unendlich lang verlängern. Es sei an dieser Stelle das Buch *»Inside Corona«* von Thomas Röper empfohlen, um das volle Ausmaß der Machenschaften und ihre dezidierte Planung im Vorfeld zu erkennen.

Philanthropie ist nichts anderes als Machtergreifung durch die Hintertür, denn Macht wirkt wie eine Droge und jene, die ihr verfallen, geraten unweigerlich auf die dunkle Seite. Gelingt es einer Gesellschaft nicht, diese Macht einzugrenzen und zu kontrollieren, gerät sie zusammen mit ihren Machthabern in den Abgrund. Das war früher so und ist bis heute so. Einen geschichtlichen Abriss zu diesen historischen Tatsachen findet sich bei Rainer Mausfeld in seinem Werk: *»Hybris und Nemesis – Wie uns die Entzivilisierung von Macht in den Abgrund führt. Einsichten aus 5000 Jahren«*.

Kommen wir zurück zur inszenierten Pandemie mit dem Anfangsbuchstaben C wie **C**ash. Potenzieller Cashflow bietet sich überall, nicht nur im Verkauf von vermeintlichen Impfstoffen. Die Zeit schrieb 2017: *»Der wahre Chef der WHO heißt Bill Gates«*. Das ist zwar heute so richtig wie damals, allerdings dürfte die Zeit das heute nicht mehr so schreiben. Denn es ging, wie bereits angedeutet, bei der Corona-Plandemie zu einem gewichtigen Anteil auch um all unsere Gesundheitsdaten. Wir erinnern uns: Mit Corona kamen die Corona-Apps, sie dienten der *Kontaktverfolgung*. Sie sind somit nichts anderes als Spionagesoftware, die uns als Gesundheitsschutz verkauft wird. Es sind große, multinationale Softwarefirmen wie *SAP*, gegründet von dem Deutschen Hasso Plattner, die auf diesem Gebiet aktiv sind. Sein Hasso-Plattner-Institut, ein privat finanziertes IT-Institut zur *Erforschung praktischer und angewandter Themen digitaler Technologie* hat nach den Coronamaßnahmen den Tierarzt und ehemaligen Präsidenten des Robert-Koch-Instituts Lothar Wieler verpflichtet. Wieler ist nun Sprecher des *Cluster Digital Health*, einer Forschungsgruppe, die sich damit beschäftigt, wie Medizin und Gesundheitswesen digitaler werden können. Mittlerweile ist er zudem »Berater« bei *Sciana,* einem »philanthropischen Netzwerk« vermeintlicher Vorreiter zur »Innovation in der Gesundheitsvorsorge«.

Während des Corona-Regimes wurde Lothar Wieler allerdings vor allem dafür bekannt, dass er den Bürgern befahl, keine der von ihm verkündeten Maßnahmen zu hinterfragen. Das klang zwar nicht direkt nach *»Führer befiehl, wir folgen dir«*, war aber im Kern genauso gemeint. Als Lothar Wieler im September 2023 vor den Corona-Untersuchungsausschuss nach Potsdam geladen wurde, um Rechenschaft über sein Handeln während seiner Präsidentschaft abzulegen, war der häufigste Satz, den er von sich gab: »Das ist mir nicht erinnerlich.« Lothar Wieler stellt sich einfach dumm und wird damit vermutlich durchkommen. So funktioniert die von Angela Merkel beschworene »marktkonforme Demokratie«. Wir steuern auf eine Form der Konzern gesteuerten Staatsführung zu, in der es nur noch Taten, aber keine Täter und somit auch keine Konsequenzen mehr gibt. Was es noch gibt, sind Gewinner und Verlierer.

Verloren hat der Bürger: Ihm wurde die organisierte Aberkennung von Grundrechten im Pandemiefall als »neue Normalität« verkauft. Und die nächste Pandemie ist schon in den Startlöchern, sie wartet nur darauf, dass die WHO auf Geheiß der multinationalen Pharmakonzerne zum Angriff bläst. Diese und ihre privaten Investoren, Philanthropen, NGOs und Lobbyisten sind somit die

Gewinner. Dass diese Truppe so unverfroren abkassieren konnte, hat damit zu tun, dass sie im Auftrag eines viel größeren Players handelt. Es geht um die Vorbereitung einer KI-gestützten Weltregierung bei der Wähler und Wahlen keine Rolle mehr spielen werden. Die Zukunft der Menschheit soll durch eine globale Künstliche Intelligenz bestimmt werden und diese KI wird die Menschen vor allem durch Angst gefügig machen und in die gewünschte Richtung führen.

Führend auf diesem Gebiet ist inzwischen die NATO. Sie ist längst kein Verteidigungsbündnis mehr, sondern agiert als Lobbyorganisation der Rüstungsindustrie. Das erklärte Ziel der NATO ist die sogenannte *Full Spectrum Dominance*, zu deutsch *totale Überlegenheit in allen Bereichen* – und diese geht weit über klassische Aufrüstung hinaus. Nach der Kontrolle aka Zensur des Internets wird jetzt der Otto-Normalbürger an der Heimatfront ins Visier genommen, oder besser: sein Gehirn. Die NATO investiert inzwischen Milliarden in die *Psychologische Kriegsführung* und konnte während des Corona-Regimes beachtliche Erfolge feiern, auf die wir gleich zu sprechen kommen. An dieser Stelle sei ein weiteres Buch empfohlen: *»Kognitive Kriegsführung – Neueste Manipulationstechniken als Waffengattung der NATO«*, geschrieben von Jonas Tögel.

Es geht im Kern um die Militarisierung der Neurowissenschaften und um den Einsatz sogenannter *Soft-Power*-Techniken, um die Masse im Sinne der Eliten zu manipulieren. Dementsprechend wurden diese Techniken während der Corona-Zeit bereits angewendet. Ein Beispiel: Der Staat bestand während der Corona-Zeit darauf, dass die Bürger teilweise sogar im Freien FFP2-Masken tragen mussten.

Die Hersteller solcher Arbeitsschutz-Masken machten stets darauf aufmerksam, dass diese Staubmasken nicht über Stunden getragen werden dürfen und dass sie *keinerlei* Schutz vor Viren bieten würden. Das war auch als Warntext auf jeder Verpackung aufgedruckt. Zudem gab es immer schon Studien, die dies selbstverständlich bestätigten, weshalb selbst Deutschlands Chef-Viro-Ideologe Christian Drosten dies Anfang 2020 noch zutreffenderweise verbreitete. Es stellt sich somit die Frage, warum der Staat an medizinisch völlig unwirksamen Masken festhielt. Die Antwort ist: Hier kamen besagte *Soft-Power*-Techniken zu Einsatz. Aus den Folterkellern der Militärs ist bekannt, dass Folter-Opfer ihren Peinigern gegenüber schneller aufgeben und bereitwilliger erfüllen, was immer sie von ihm fordern, wenn Masken zum Einsatz kommen. Der Mensch gerät unter Dauerstress, was ihn am Ende des Tages in die Knie zwingt. Und auf den Knien soll er auch bleiben, um dort unten weitere Anweisungen von oben entgegenzunehmen. Anweisungen, die *niemals hinterfragt werden dürfen*, wie wir von Dr. Wieler gelernt haben.

Ein weiteres Ziel der Maskenpflicht war der Umstand, dass jeder, der sie nicht trug, für alle und jeden als nicht konform erkennbar war und damit die Funktion des Sündenbocks zugeschoben bekam. Das Umfeld reagierte aggressiv auf den Ungehorsam und zwang so die meisten zur Anpassung. Die Maske kann man als offen getragenes Parteiabzeichen bezeichnen. Wer sie bewusst nicht trug, verweigerte für alle Welt sichtbar den Gruß gegenüber den WHO-Führern. Das alles war kein Zufall, sondern wurde im Vorfeld als Teil der Psychologischen Kriegsführung beschlossen und über entsprechende Personen umgesetzt, die meist verdeckt im Hintergrund agierten. Auch hier ein Beispiel: Cornelia Betsch.

Betsch war während der »Krise« Mitglied des Corona-ExpertInnenrats des Bundeskanzleramts, sowie der *WHO Technical Advisory Group* und der *Interdisziplinären Kommission für Pandemieforschung der Deutschen Forschungsgemeinschaft (DFG).* Was sie für WHO und Kanzleramt leistete, kam recht gut an und wurde entsprechend belohnt. Cornelia Betsch erhielt 2021 den deutschen Psychologie-Preis für ihre Arbeit *»Gesundheitskommunikation und soziale Aspekte bei Gesundheitsentscheidungen, insbesondere im Kontext des Impfens und der Impfgegnerschaft«.* Früher nannte man solche PR-Tätigkeiten schlicht Lobbyismus, heute nennt man das *Gesundheitskommunikation.* Es ist ein typischer Propaganda-Begriff.

Es gab seitens der Pandemieplaner durchaus mehrere bedeutende Hürden zu überwinden:

- Wie bringt man Menschen dazu, sich mehrfach als Versuchskaninchen für milliardenschwere Pharma-Konzerne zur Verfügung zu stellen?

- Wie lenkt man die Massen von der Frage ab, ob es zu diesen neuartigen Corona-»Impfstoffen« und all seinen Boostern ausreichend Versuche und Studien zu Wirksamkeit und Ungefährlichkeit gibt?
- Wie kommuniziert man, dass sämtliche Pharma-Konzerne jedwede Form der Haftung für Impfschäden ablehnten, obschon doch Gesundheitsminister Lauterbach unmissverständlich verkündete, es gäbe bei den Corona-Spritzen gar keine Nebenwirkungen?

Die Antwort auf all diese Fragen, kam dem Bürger nie in den Sinn – und auch das war kein Zufall, sondern das Ergebnis psychologischer Kriegsführung: Moderne *Gesundheitskommunikation* als Form der psychologischen Kriegsführung setzt auf Angst und zielt auf unser zuvor konditioniertes Unterbewusstsein. Der Trick ist simpel: Man versetze die Bürger flächendeckend aber vor allem dauerhaft in Angst und sie folgen wie Schafe zur Schlachtbank. Eleganter ausgedrückt: Wenn der Staat es schafft, dass der Bürger – wenn überhaupt – die *falschen* Fragen stellt, muss er sich um die Antworten keine Gedanken mehr machen.

Während der Corona-Zeit war es Cornelia Betsch, welche die vorgegebene Kommunikationsstrategie der WHO umzusetzen hatte. So ist es nur folgerichtig, dass sie heute an der Uni Erfurt die Themen Gesundheit und Klima zusammenführt. Das mit EU-Millionen geförderte *»Institut for Planetary Health Behaviour«* arbeitet schon heute an der nächsten großen Gefahr, dem Klimawandel.

Auf der Homepage des Institutes heißt es: *»In unserer Forschung wollen wir verstehen, was klimagesundes Verhalten beeinflusst. Diese Erkenntnisse können beim Gestalten effektiver, politischer Rahmenbedingungen und guter, erklärender Kommunikation helfen.«* Es wird insinuiert: Wenn sich das Klima verändert, dann kommen auch neue Krankheiten zu uns nach Europa, vielleicht neue Tropenkrankheiten.

Wir hingegen dürfen uns fragen, ob vielleicht auch gleich eine neue Vogelgrippe aus dem Reagenzglas gezaubert wird und weshalb es für diese zukünftigen Bedrohungen aus der Glaskugel schon heute neue Impfstoffe erfordert. Damit wir sie in naher Zukunft dann prophylaktisch jedes Frühjahr nehmen müssen, um noch am gesellschaftlichen Leben teilhaben zu dürfen?

Das Video jedenfalls, das die Uni Erfurt zum neuen Forschungszweig Gesundheit & Klima zeigt, macht Werbung für eine neue Leichtigkeit, die uns alle erwartet – ein neues Klima des totalen Gehorsams. Die nächste Pandemie wird kommen – und sie wird noch einmal verstärkt die Menschen an den Pranger stellen, die nicht gehorchen.

Kapitel 8 - Kampf um Ihr Gehirn

In dem Roman *1984* von George Orwell gab es eine Form der Kriminalität, die vom Staat massiv verfolgt wurde: das sogenannte *Gedankenverbrechen*. Als das Buch im Jahr 1949 erschien, wurde diese Dystopie noch als *Science-Fiction* bezeichnet, denn die dort beschriebene Welt existierte nicht – noch nicht. Das hat sich geändert.

Wenn ein Staat mit einer Gedankenpolizei in der Lage wäre, die Gedanken seiner Bürger mitzulesen und zu bestrafen, wäre der letzte Rückzugsort vor einem totalitären Staat für immer dahin. Dieser Rückzugsort ist der Kopf des Individuums, das menschliche Gehirn. Aber es heißt doch *»Die Gedanken sind frei!«* – oder etwa nicht?

Heute, muss man leider sagen, sind die Gedanken nur noch bedingt frei. Die Realitäten haben die Fiktion in vielerlei Hinsicht längst mit Riesenschritten überholt. Auf dem jährlichen Treffen des *World Economic Forum (WEF)* in Davos im Januar 2023 gab es einen Vortrag mit dem Titel *»Ready for Brain Transparency?«* (Bereit für das durchsichtige Gehirn?). Gehalten wurde er von Nita A. Farahany, der Autorin des Bestsellers *»Der Kampf um ihr Gehirn«*. Sie ist derzeit Professorin für Recht und Ethik an der Duke Universität in Durham, North Carolina. Studiert hat sie neben Rechtswissenschaft und -philosophie allerdings ebenfalls Genetik sowie Zell- und Entwicklungsbiologie und ist somit eine ausgewiesene

Spezialistin für die Anwendung von Neurotechnologie. Das erklärte Ziel dieses Forschungsbereiches ist es, den Menschen technisch aufzurüsten, ihn dazu mit Computern zu verschmelzen und ihn so »fit« für die Anforderungen der Zukunft zu machen. Der derzeitige, der analoge Mensch ist den Eliten offensichtlich zu langsam, nicht effizient genug. Das will man seit Jahrzehnten ändern, nur fehlten bisher die Möglichkeiten. Das hat sich inzwischen geändert. Der neue digitale Mensch kann *getuned* werden, jedenfalls wenn es um die Wünsche der Eliten geht. Für sie ist der Mensch nichts weiter als eine biologische Maschine, eine Art Bio-Computer, den man auslesen und dann neu programmieren kann. Der Kampf um unser Gehirn hat begonnen.

Der Vortrag von Farahany in Davos basierte auf ihrem Buch, das folgenden Untertitel trägt:

»Eine neue Ära des brain tracking und hacking bricht an. Werden Sie auf das vorbereitet sein, was als Nächstes kommt?«

In dem Vortrag wird eine Welt beschrieben, die heute bereits existiert. Es geht um den Stand der aktuellen Wissenschaft, welcher es heute, wenn auch vergleichsweise rudimentär, möglich ist, das menschliche Gehirn live auszulesen. Farahanys Vortrag sollte dem Publikum aufzeigen, inwieweit es sinnvoll wäre, die schon vorhanden Techniken heute anzuwenden. Dazu wurde ein Film über die Situation in einem Großraumbüro gezeigt, in dem alle Angestellten Kopfhörer trugen, welche die eigenen Hirnwellen auslesen und die Ergebnisse auf den Computer des Vorgesetzten weiterleiten. Der konnte dann sofort erkennen, wenn Angestellte nicht bei der Sache waren, sondern sich z.B. Tagträumen ergaben und an den attraktiven neuen Mitarbeiter dachten. Zum Schluss der Animation wurde das Büro allerdings noch von der Polizei besucht, um einen Mitarbeiter zu verhaften. Ihm konnten kriminelle Handlungen nachgewiesen werden, woraufhin alle, die mit ihm zusammengearbeitet hatten, ebenfalls unter die Lupe genommen wurden, indem man ihre gespeicherten Hirnscans der letzten Monate entsprechend untersuchte. So sollte jeder ins Visier genommen werden können, der sich hatte anstiften lassen. Als das Video endete, betrat Farahany die Bühne, um dem Publikum diese neue Technik zu erklären, auch wenn sie noch in den Kinderschuhen steckt. Dank der Hirnscanner sei der Mensch produktiver und sicherer würde das Büroleben auch. Verbrecher würden erkannt, bevor sie ihre Ideen umgesetzt hätten. Wer in der Zukunft das Falsche denkt – und was das Falsche ist, bestimmt der Staat –, ist selber schuld, wenn man ihn wegsperrt.

An dieser Stelle eine Frage an den Leser: Wer von Ihnen möchte eigentlich, dass ein Dritter, seien es Arbeitgeber, eine Behörde, Google oder der Partner, jederzeit wissen kann, was Sie denken?

Das wäre wohl der Tod jedweder Beziehung.

Die tragbaren Hirnscanner aber kommen bzw. sind zum Teil schon im Einsatz. Sie werden als neue Sicherheit verkauft, etwa für Menschen die Maschinen bewegen. Für LKW-Fahrer, Lokführer, Piloten werden diese neuen mobilen Geräte schon übermorgen Pflicht, den nur dann sind sie versichert. Dann werden diese Versicherungen damit werben, dass sie ihre Prämien für diejenigen Fahrer absenken werden, die sich auf diese neue »Sicherheitstechnik« einlassen. Elektroautos starten nur noch, wenn der Fahrer sich via Hirnscanner mit dem Fahrzeug und damit der Cloud verbunden hat. Wer einen Tesla fährt, stimmt schon heute zu, dass der Herstellerkonzern sämtliche Daten, die das Auto beim Fahrer abgreift, verwenden und es »fernwarten«, d.h. steuern kann. Ein Tesla ist damit eine fahrende Abhörzentrale, ein Stasi-Car, nur dass der Teslafahrer sein Produkt auch noch cool findet.

Konzernchef Elon Musk hat zudem über 12.000 Satelliten im All, 40.000 sollen es werden. Damit gehört Elon Musk zu den mächtigsten Privatpersonen des Planeten, denn immer wenn wir über seine Satelliten surfen, kann er mitsurfen. Und dann gibt es da noch sein Steckenpferd *Neuralink*. Diese weitere Musk-Firma verfolgt das Ziel, das menschliche Gehirn in naher Zukunft mit Computern zu koppeln, um es auslesen zu können. Nach dem Auslesen kommt dann das aktualisierte Neubespielen, ganz so, wie man eine neue Software auf den PC aufspielt, um ihn an das neueste Betriebssystem anzupassen. Natürlich geht es bei dieser Technik anfangs offiziell immer nur darum, Menschen mit einem Handicap zu helfen, z.B.

Personen, die aufgrund einer Querschnittslähmung an den Rollstuhl gefesselt sind. Diesen Menschen könnte in Zukunft, so das Versprechen, mit einem Chip geholfen werden, wieder auf die eigenen Beine zu kommen. Und nur ein Unmensch könnte so etwas ablehnen.

Randgedanke: Wie kam es eigentlich zu dem Schaden an der Wirbelsäule? Wir werden erleben, dass es auch Soldaten sein werden, die man wieder fit machen will für die Front. Das System möchte mit der neuen Technologie nicht zuletzt seine Investition retten: den GI.

Musk findet die Idee des gechipten Menschen super und Neuralink sucht jetzt ganz offiziell Freiwillige, die sich ihr Gehirn verdrahten lassen, denn die US-Aufsichtsbehörden haben jetzt ihr GO für die klinischen Studien gegeben. Dass hier das Militär und die Geheimdienste mitforschen, liegt auf der Hand. Dennoch befindet sich der große Markt im zivilen Bereich und auch nur hier wird er offen beworben. Wenn die Weltregierung der Zukunft jedem Bürger einen Hirn-Chip verpassen kann, wird der Mensch zu einem Roboter, der immer und überall im Sinne der Regierung denkt und handelt. Ein solcher Bürger agiert somit nicht mehr autonom, sondern als Teil einer Cloud, die via Algorithmen gleichgeschaltet werden kann – und wird.

Natürlich wird uns das alles schon in naher Zukunft als alternativlos verkauft werden und jeder, der sich angesichts der goldenen Aussichten nicht »freiwillig« chippen lässt, ist per se verdächtig. Er gerät in den Fokus staatlicher Verfolgung. Scheint er doch etwas zu verbergen zu haben? Was geht im Kopf eines ungechippten Bürgers vor? Ist so jemand nicht eine tickende Zeitbombe? Der Gründer des WEF, Klaus Schwab, predigt seit längerem, dass wir alle endlich freiwillig unsere Privatsphäre aufgeben sollten, und argumentiert gegenüber den Kritikern, dass man nur dagegen sei wenn man etwas zu verbergen hätte. Dazu fällt mir die Aussage von Edward Snowden ein, der richtig bemerkte: »Zu argumentieren, dass Sie keine Privatsphäre brauchen, weil Sie nichts zu verbergen haben, ist so, als würden Sie sagen, dass Sie keine Meinungsfreiheit brauchen, weil Sie nichts zu sagen haben«.

Ich prophezeie: Selbstständiges Denken wird in naher Zukunft kriminalisiert.

Das Ziel ist der Orwell-Staat. Das Ziel ist eine KI-gesteuerte, voll automatisierte Gedankenpolizei. Was auf uns zukommt, wenn wir dieser Entwicklung kritik- und widerstandslos zusehen, ist sonnenklar. Es sei denn, wir erkennen die Gefahr und lehnen uns auf – jetzt! Der erste Schritt dieser Auflehnung besteht in flächendeckender Zusammenarbeit. Das ist es, was wir von den Eliten wie dem WEF lernen müssen, denn dort wird seit Jahrzehnten zusammengearbeitet. In Davos geschieht nichts zufällig und niemand ist als Einzelschicksal zu den großen Panels geladen. Es geht in Davos um Vernetzung von bereits bestehenden Machtanteilen. Es geht um Zusammenarbeit. Das könnten *wir,* die vielen Einzelnen, die sich gegen diesen Machtmissbrauch einsetzen, genauso. Auch wir können und sollten uns vernetzen, um so unsere Ohnmacht zu überwinden. Das ist möglich, denn wir sind viele. Einige dieser vielen sind seit Langem aber vorwiegend als Einzelkämpfer aktiv. Ihre gesellschaftliche Wirkung wäre um ein Vielfaches höher, würden sie aktiv und permanent zusammenarbeiten.

Man stelle sich ein Netzwerk dieser Helden der Gegenwart vor, bestehend z.B. aus:

Dr. Ronald Weikel, Sucharit Bhakdi, Dr. Daniele Ganser, Prof. Gabriele Krone-Schmalz, Prof. Michael Meyen, Norbert Häring, Willy Wimmer, Hannes Hofbauer, Peter Hahne, Michael Ballweg, Jens Lehrich, Paul Schreyer, Jens Wernicke, Albrecht Müller, Robert Cibis, Hendrik Sodenkamp, Frank Höfer, Thomas Schenk, Anselm Lenz, Alex Quint, Robert Stein, Julia Szarvasy, Markus Fiedler, Kai Stuht, Paul Brandenburg, Rainer Rupp, Owe Schattauer, Sergej Filbert, Wolfgang Bittner, Jens Fischer-Rodrian, Rüdiger Lenz, Mathias Bröckers, Ernst Wolff, Dirk Pohlmann, Robert Fleischer, Marco Rima, Nina Proll, B-Lash, MC Bogy, Nena, Marcel Barz, Christian Kreiß, Michael Lüders, Marius Krüger, Rainer Mausfeld, Tahir Chaudry, Markus Langemann, Lisa Fitz, Roland Tichy, Jasmin Kosubek, Milena Preradovic, Uli Gellermann, Boris Reitschuster, Eugen Drewermann, Milosz Matuschek, Eckart Tolle, Evelyn Hecht-Galinski, Zain Raza, Stefan Magnet, Walter van Rossum, Roger Köppel, Stefan Homburg, Herrmann Ploppa, Ullrich Mies, Heiko

Schrang, Paula P'Cay, Nicolai Binner, Uwe Steimle, Mehdi Raza Hasan, Gerhard Wisnewski, Edward Snowden, die Truth Hunters, Kontrafunk, Uncut News, Compact Magazin, Swiss Policy Research, ServusTV, Voltairenet, apolut, die Freien, Manova, Free21, Die Mutigmacher, Epoch Times… und selbst das ist nur ein Bruchteil. Was würde aus dieser Bündelung an medialem Einfluss erwachsen? Doch diese fiktive kollektive Zusammenarbeit existiert nicht.

Das hat auch mit Eitelkeiten zu tun. Bei den sogenannten alternativen Medien sind sehr viele Alpha-Männchen und -Frauen am Start und die tragen gern den unsichtbaren Satz über dem Kopf: Du sollst keine anderen Götter neben mir haben. Solange jedoch keine Vernetzung stattfindet, findet auch keine große Veränderung statt. Der User ist daher aufgerufen, seine Portale aufzufordern, mit anderen Medienschaffenden zusammenzuarbeiten. Der User, der Fan hat hier mehr Einfluss, als er denkt. Auf ihn hören die Macher eher, als wenn Macher X an Macher Y herantritt. Da kommt schnell der Gedanke auf, was wohl hinter diesem Angebot der Zusammenarbeit stecken könnte... etwa eine feindliche Übernahme? Aber auch in den alternativen Medien wurden Konkurrenzdenken und das damit einhergehende Misstrauen noch nicht überwunden. Ein Fehler, der den Eliten in die Karten spielt.

Für uns alle gilt: Machen wir öffentlich den Mund auf, widersprechen wir öffentlich, trainieren wir öffentlich sichtbar zivilen Ungehorsam, seien wir öffentlich mutig

– selbstständig und in der Gruppe. Und in der Gruppe ist es **natürlich** leichter. Nach den Helden der Gegenwart, die der Masse kaum bekannt sind, nun noch kurz ein paar Helden der Vergangenheit, mit denen wir seit Jahrzehnten bedampft werden. Da hätten wir z.B die Geschwister Scholl, Rudi Dutschke, Malcolm X, Martin Luther King, Emma Goldman, Rosa Parks. All diese Personen der Zeitgeschichte werden uns heute auf öffentlichen Plätzen als Vorbilder benannt. Ist das nicht merkwürdig? Wieso möchte ausgerechnet das System, das diese Leute zu ihrer Zeit gnadenlos bekämpft hat, dass wir uns heute, wo diese Querulanten unter der Erde sind, an ihnen orientieren? Ist das auch wieder ein Trick, den man aus der Soziologie abgeleitet hat und an uns zur Anwendung bringt? Sie ahnen es, die Antwort ist – natürlich: Ja, das ist es. Wir sollen zu diesen toten Helden aufblicken und dabei denken, wir hätten damals wie sie gehandelt, wir hätten rebelliert. So können wir in unserer eigenen Gegenwart passiv bleiben. Auf diese Weise erzeugt das System zwar Bewunderer, aber keine Nachahmer.

Ziel erreicht – es sein denn, wir durchschauen diese Finte.

Kapitel 9 - Mainstreaming

Wenden wir uns an dieser Stelle einer Technik zu, mit der wir alle längst täglich zu tun haben, immer dann nämlich, wenn wir uns auf unserem Mobiltelefon ein Video ansehen. Damit dieses Bewegtbild ruckelfrei abläuft, müssen wir die Daten hinter dem Video nicht mehr vorher auf unser Gerät herunterladen. Alles, was wir benötigen, ist eine stabile Internetverbindung mit entsprechender Bandbreite. Das Video wird uns per *Streaming* zugesandt, wobei wir stets nur kleine Datenpakete erhalten. Dieser Streaming-Technologie verdankt die Google-Tochter YouTube seinen beispiellosen Aufstieg von 2005 bis heute. Auch wenn die meisten der Inhalte von Privatleuten hochgeladen wurden, entstanden auf YouTube ebenso viele journalistische Inhalte von Profis, die dort lange unzensiert veröffentlicht werden konnten.

Durch Streaming wurde das Netz aber nicht nur schneller, sondern vor allem auch voller. Laut einer aktuellen Untersuchung der Universität Massachusetts in Amherst beinhaltet das Angebot mehr als 14 Milliarden Videos – und das sind nur die, die öffentlich sichtbar geschaltet sind. Um es etwas bildlicher aufzubereiten: Das sind bereits jetzt knapp anderthalb Videos pro Erdbewohner. Und wir alle kennen das Suchtpotenzial von YouTube – beim heutigen Informationsangebot kommt der Einzelne mit dem Ignorieren gar nicht mehr nach! Damit gleicht YouTube der industriellen Landwirtschaft. YouTube kontaminiert jeden Winkel des Planeten mit

YouTube-Mainstream. Der Streamingdienst hat den Markt nicht erobert, er hat ihn mit seiner Marktmacht vergewaltigt. Das Ergebnis ist, dass es in diesem Markt zu einem Artensterben kommt – einem Sterben von *Art*, und zwar weltweit. Auch das ist ein Effekt, den wir gratis dazubekommen, wenn man uns Globalisierung frei Haus liefert. Sie befördert in jeder Hinsicht, also auch kulturell gesehen, immer nur die *Monokultur*.

Zwei Jahre nach dem Start von YouTube brachte Apple das erste *iPhone* auf den Markt, ein sog. *Smartphone*. Ein Smartphone verzichtet auf klassische Tasten und bietet stattdessen eine variable Benutzeroberfläche auf einem Bildschirm, das *Interface*. Ein Smartphone ist ein tragbarer Taschencomputer, mit dem man auch telefonieren kann. Mit Apples iPhone brach eine Lawine los. Jeder konnte jetzt mobil, d.h. von überall seine individuellen Inhalte ins Netz pumpen. Allerdings nur über die schon damals in Erscheinung tretenden Torwächter, die bereits erwähnten Digitalkonzerne, traditionell vielfach in Kaliforniens *Silicon Valley* angesiedelt. Doch diese Giganten von heute waren nicht immer so groß, die meisten begannen zunächst als winzige Garagenprojekte, sogenannte Startup-Unternehmen.

Dass diese Startups dann binnen kürzester Zeit so groß wurden, ist meist nicht nur glücklicher Zufall, sondern es wurde ihnen unter die Arme gegriffen. In der Regel von einem staatlichen Risikokapitalgeber namens *In-Q-Tel (IQT)*, dessen Budget sich zu 100% aus dem Haushalt der CIA speist und in über 20 Staaten Unternehmen unterstützt, die sich mit Datenanalyse, Raumfahrttechnik oder Biotechnologie beschäftigen. Das ist übrigens keine Verschwörungstheorie, sondern findet sich bereits auf der ersten Seite ihres Internetauftritts: *»Der einzigartige Ansatz von IQT, Hightech-Problemlöser mit staatlichen Herausforderungen zu verbinden, hat unzählige wirkungsvolle Lösungen für die CIA, DIA, FBI, NGA, NRO, NSA, DHS (...), das U.S. Cyber Command sowie die nationalen Geheimdienste Großbritanniens und Australiens hervorgebracht. Wir haben kürzlich das Office of Naval Research (ONR), das U.S. Central Command und die U.S. Space Force als neue Regierungspartner begrüßt und freuen uns darauf, auch ihre Missionen zu unterstützen.«*

Die CIA nutzt im Übrigen die Webserver eines weiteren Tech-Giganten, nämlich Amazon. Wir dürfen uns fragen, wer da wohl den Hut aufhat. Ist es wirklich Jeff Bezos? Natürlich hat das Internet dezentral begonnen, heute jedoch wird es längst von Monopolen beherrscht und zensiert. Diese IT-Giganten sorgen mit ihren Algorithmen dafür, dass wir uns alle auf immer weniger unterschiedliche Quellen beziehen können, indem die erwünschten weiter oben in den Suchergebnissen auftauchen und die unerwünschten aus dem Blickfeld bzw. zusehends auch gänzlich aus den Ergebnissen verschwinden.

So ist *Streaming*, ohne das YouTube nie dazu gekommen wäre, **das** Flaggschiff am Markt zu werden, in Wahrheit aber *Main-Streaming*, denn so bestimmt YouTube die Trends. Und der Trend geht immer in Richtung Verlust von Vielfalt und Subkultur. Wenn wir einmal mehr eine Analogie aus der Tierwelt bemühen wollten, käme uns vielleicht der Kiwi in den Sinn – also nicht die leckere Frucht, sondern das Wappentier Neuseelands. Kiwis kommen nur in Neuseeland vor. Der Kiwi hat dort über Jahrtausende das Fliegen verlernt, denn Fliegen war nicht nötig, weil es keine Feinde gab, die den Kiwi hätten bedrohen können. Das änderte sich mit den ersten Siedlern, die u.a. Katzen und Hunde auf den abgelegenen Kontinent mitbrachten. Ergebnis: Heute sind Kiwis fast ausgestorben. Ebenfalls aussterben sollen Haltungen, die vom Mainstream abweichen. Da ist bei YouTube sofort Schluss mit der guten Unterhaltung. Der Anbieter bestimmt, welche Haltung innerhalb der Unterhaltung erlaubt ist und welche nicht. Wer sich nicht an das Meinungsdiktat von YouTube hält, wird gnadenlos gelöscht. Allein im Zeitraum April bis Juni 2020 entfernte das Portal **11,4 Millionen** Videos. Als Begründung wird stets angeben, der User hätte sich nicht an die YouTube-Richtlinien gehalten. Nur wenigen ist klar, dass diese Richtlinien nicht von YouTube selber kommen. YouTube – und damit Google – handelt im Auftrag von Dritten, die lieber etwas weniger sichtbar aus dem Hintergrund die Strippen ziehen und deren Ziel ein maximaler Abbau von Meinungsfreiheit, Meinungsvielfalt, Bürgerrechten, Freiheit und damit von Demokratie ist. Der Bürger soll sich nur noch im Sinne der Propaganda informieren dürfen. Das führt schließlich zu geistiger Monokultur. Wie der Verlust von Vielfalt dorthin führt, erleben wir seit

Jahren in der industriellen Landwirtschaft, etwa bei Äpfeln. Offiziell existieren noch 20.000 Sorten. Im täglichen Angebot findet der Kunde in der Regel nur sechs, alle industriell angebaut und chemisch haltbar gemacht. Von x Sorten Bananen, die tatsächlich existent sind, kennen die meisten nur die *eine* Sorte, die bei uns angeboten wird. Von 30.000 Sorten Mais sind nur ein paar Dutzend im Angebot, im größten Teil der westlichen Welt durch die Bank längst genmanipuliert.

Auch bei Sprachen sehen wir eine ähnliche Tendenz. 6500 Sprachen werden weltweit noch gesprochen, ein Drittel davon wird innerhalb des nächsten Jahrzehnts aussterben, das zumindest befürchtet die Gesellschaft für bedrohte Sprachen. Auch Dialekte hört man kaum noch, sie gelten als primitiv. Stattdessen sprechen wir heute alle eine Sprache, die stark vom Internet geprägt ist und – dieses wird vor allem von der US-Kultur dominiert.

- Wir *checken* heute alle im *home office* ein.
- *Scannen* unsere *social media*-Kanäle auf *stories*, die *catchen* und *pushen* dann den eigenen *output*.
- Wir wollen *up to date* bleiben, also nutzen wir als *user* unsere *smarten gadgets* über die *cloud*, natürlich auch *outdoor* und *on the roa*d.
- Wir sind *twenty-four-seven online* und Teil einer *bubble*. Wenn wir *chillen*, dann in der *city* beim *coffee-2-go*.
- Wir verstehen uns selbstverständlich als *team player* und Teil der *community*.
- Und wir glauben dabei, wir seien total *unique* – also individuell.

In Wahrheit sind wir so individuell wie eine deutsche Fußgängerzone. Wer diese mal miteinander verglichen hat muss einräumen, Konzernketten und ihre immer gleichen Filialen beherrschen das Erscheinungsbild. Und damit diese schleichende Konformität einer ganzen Gesellschaft von niemandem als störend bemerkt wird, verstecken wir diese Entwicklung der Gleichschaltung hinter dem Begriff *Multikulti*, dessen Herkunft einmal das Gegenteil bedeutete, nämlich *multikulturell.*

Multikulti hingegen stammt aus einer Art Wuhan-Labor für Sprache. Es ist ein künstlich erschaffener Propaganda-Begriff. Denn er bedeutet eben nicht Vielfalt, sondern das Gegenteil, nämlich eine Scheinvielfalt – und YouTube liefert das Bewegtbild dazu. Fast 20 Jahre Streaming wirken dabei wie Ketchup als Hauptbestandteil jeder Speise. Das ist nichts anderes als geschickt gemachter Kulturimperialismus.

An dieser Stelle muss man darauf hinweisen, dass Google angekündigt hat, in naher Zukunft sämtliche alternativen und systemunabhängigen Medien bei der Google-Suche nicht mehr zu listen. Noch einmal: Google will alternative Inhalte unsichtbar machen – und damit natürlich auch auf YouTube, denn wir erinnern uns: Google hat bereits Ende 2006 YouTube geschluckt. Damit nutzt *Alphabet*, der Mutterkonzern von Google und YouTube sein rücksichtslos aufgebautes Monopol aus – und das ist kein Zufall, sondern eine Strategie, die von der NATO erdacht wurde. Sie gibt Milliarden für die sogenannte *kognitive Kriegsführung* aus, um mit den bereits erwähnten *Soft-Power*-Techniken die Bevölkerung nach allen Regeln, nein, nicht der Kunst, sondern der Sozialwissenschaften zu verblöden. Was der Bürger nicht weiß, macht ihn nicht heiß – und Google ist der wichtigste Player beim Lancieren von NATO-Propaganda bzw. dem Unterdrücken von abweichenden Meinungen und störenden Fakten.

Man muss also in Zukunft die Webadresse der Seite, die man besuchen möchte, bereits kennen, um sie im Netz überhaupt noch finden zu können, denn die Suchmaschine sucht sie uns nicht mehr und ist damit offiziell zu einer Nichtsuchmaschine konvertiert.

Der Totalitarismus nimmt immer mehr an Fahrt auf. Aber wie gesagt, das ist alles kein Zufall, sondern hat System und folgt akribisch einem Plan. So werden wir gegen unseren Willen zu einem globalisierten Einheitsbrei verkocht. Wir degenerieren zu einer homogenen Masse, die man besser an die digitale Zukunft anpassen kann. Einstein hatte recht, als er sagte: *»Um ein tadelloses Mitglied einer Schafherde sein zu können, muss man vor allem ein Schaf sein.«* Es gilt aber auch: *»Schafe fürchten ihr Leben lang den Wolf, aber getötet werden sie durch den Hirten.«*

Im alten Rom gab es einen Senator, der die Idee hatte, alle Sklaven sollten weiße Armbinden tragen, damit die Bürger sich leichter erkennen könnten. Ein anderer Senator allerdings konnte die Umsetzung dieser Idee verhindern.

Die plausible Begründung: Wenn die Sklaven erst sehen würden, wie viele sie sind, könnte es leicht einen Aufstand gegen das herrschende Bürgertum geben.

Auch wir, die Masse, sind wie diese Sklaven, nämlich als Masse vor allem VIELE.

Das ist einerseits zwar gewollt, aber gleichzeitig gefährlich für die Spitze der Pyramide. Denn auch in gelenkten Demokratien gibt es immer die Gefahr eines Aufstandes durch Gruppenbildung. Wenn sich diese Masse, die Millionen von Menschen, endlich gegen ihre Herrscher auflehnen würde, wäre das für diese nicht mehr zu kontrollieren. Sobald also Ansätze von Widerstand auftauchen, die Gefahr laufen, sich zu verselbstständigen, z.B. bei Demonstrationen, die dem Staat nicht passen, muss die Masse durch Propaganda aufgebrochen und atomisiert werden. Eine zunächst homogene Masse, die für ein gemeinsames Ziel auf der Straße ist, wird dann fragmentiert und aufgespalten z.B. in Coronaleugner, Querdenker, Neurechte, Verschwörungs-Mystiker, Reichsbürger, Putinversteher, Nazis, Antiamerikaner, Verwirrte, Homöopathen, Demokratiefeinde, Pazifisten oder »selbsternannte« Friedensforscher.

Früher nannte man all diese Menschen einfach Zivilgesellschaft oder Bevölkerung, im Ausnahmefall vielleicht *APO*, also *außerparlamentarische Opposition*, was damals wie heute viel mehr der Wahrheit entspricht. Aber was sind die Folgen dieser organisierten Zersetzung? Es gibt keine autonome Friedensbewegung mehr. Es gibt keinen effektiven Widerstand gegen das, was kommen soll, nämlich die neoliberale Weltregierung.

Da jedoch Menschen in Wahrheit sehr unterschiedlich sind, kann man sie tatsächlich nur mit Gewalt in *eine* Form pressen und dort festhalten, wie auch Mahatma Gandhi schon treffend zu bemerken wusste: *»Was man mit Gewalt gewinnt, kann man nur mit Gewalt behalten.«* Dazu muss diese Gewalt so unsichtbar angewendet werden, dass die Bürger sie gar nicht bemerken. Denn was der Mensch nicht bemerkt, kann von ihm auch nicht als störend empfunden werden. Wie einfach es ist, das Verhalten der Masse unbemerkt zu steuern, wurde z.B. 2021 in einer amerikanischen Talent-Show eindrücklich unter Beweis gestellt. Der Illusionist Max Major bewies sich als Gehirnwäsche-Spezialist, indem er es innerhalb einer Live-Sendung im Fernsehen schaffte, den Moderator im Studio, die Jury und Millionen von Menschen an den TV-Geräten zu dressieren wie junge Hunde. Das funktionierte wie folgt:

Zunächst wurde allen ein kurzer Einführungsfilm gezeigt, in welchem Max Major davon erzählte, wie er seinen großen Traum leben würde, über die Vorbereitung auf den Auftritt und wie sehr er sich auf den heutigen Abend in ebendieser TV-Show freuen würde. Danach wurden alle aufgefordert, sich vor ihrem inneren Auge ein Bild vorzustellen und dieses aufzumalen. Alle zeichneten eine Sonne.

Wie das funktioniert?

In dem vorangegangenen Einführungsfilmchen waren durchgehend – unauffällig und gut verteilt – Sonnensymbole zu sehen. Das Unterbewusstsein der Zuschauer nahm diese permanente Wiederholung als Botschaft wahr und schickte es so jedem Einzelnen als »eigene« individuelle Idee in den Sinn. Man nennt diese Form der Manipulation *schlafende Programmierung* und sie ist beängstigend effektiv.

Die Zukunft der Eliten wird ohne derartige Vergewaltigung unserer Köpfe und die permanente Manipulation der Massen nicht auskommen. Und wer die Umstände solcher Techniken zur Manipulation nicht kennt, verfällt ihrer Wirkung und denkt nur an Zufall. Wir sollten uns gut überlegen, ob wir in so einer Zukunft leben wollen.

Kapitel 10 - Weltherrschaft

Nach dem Zweiten Weltkrieg haben die USA Großbritannien, das britische *Empire*, zu deutsch *Imperium*, als Weltmacht abgelöst. Großbritannien schrumpfte wieder zum Vereinigten Königreich.

Die Macht der Briten hatte über Jahrhunderte vor allem mit ihrer Seeüberlegenheit, also den Fähigkeiten auf dem Gebiet des Schiffsbaus, der Navigation und der Bewaffnung ihrer Schiffe zu tun. Die Königliche Marine verfügte über mit Kanonen ausgestattete Kriegsschiffe, die jeden Gegner das Fürchten lehrten. So beherrschten die Briten über Jahrhunderte sämtliche Ozeane. Doch dann bedrohte die Erfindung der Eisenbahn das britische Imperium. Der Welthandel war über Nacht nicht mehr zwingend auf Seewege angewiesen. Auf der Eurasischen Landmasse fuhren jetzt Züge – und das konnten die britischen Kriegsschiffe nicht verhindern. Deutschland erkannte die Möglichkeiten, an britischer Kontrolle vorbei in den Welthandel einzusteigen, sofort und begann schon 1903 mit dem den Bau der *Bagdadbahn*. Binnen kürzester Zeit wurden 1600 Kilometer Schiene durch das zerfallene Osmanische Reich verlegt sowie dazu entsprechende Infrastruktur geschaffen, die sich entlang der Trasse erstreckte.

Bei den Engländern schrillten die Alarmglocken immer heftiger. Denn wenn sich auf der Eurasischen Platte in Zukunft noch Deutschland mit Russland zusammenschließen würde, würde es das Ende des britischen Handelsimperiums, des gesamten *Empire* bedeuten. Eine Abwehrstrategie musste her. Geschrieben wurde sie im Auftrag der *Königlichen Geographischen Gesellschaft* von dem Geographen und Regierungsberater *Halford John Mackinder*, der damit zum Vater der Geopolitik und Geostrategie wurde. Als Direktor der heute noch berüchtigten *London School of Economics* veröffentlichte er 1904 seine Schrift *»Der geographische Drehpunkt der Geschichte«*, in welcher er die bis in die Gegenwart gültige *Herzlandtheorie* entwickelte. Seine Analyse war zutreffend und simpel: Wollen die Briten weiter den Welthandel kontrollieren, sprich den internationalen Schiffsverkehr, darf es auf der Eurasischen Platte kein autonomes Eigenleben geben und keine großen Allianzen.

Mackinder fasste in seinem Buch zusammen, Eurasien sei als Herzland zu groß, um es in Gänze zu kontrollieren, daher riet er dazu, in Osteuropa, dem Herzland, anzusetzen und dort für Unruhe zu sorgen. Er schrieb dazu:

> *»Wer über Osteuropa herrscht, beherrscht das Herzland. Wer über das Herzland herrscht, beherrscht die Weltinsel. Wer über die Weltinsel herrscht, beherrscht die Welt.«*

Diese Erkenntnis gilt bis heute und wurde nach dem Zweiten Weltkrieg von den USA übernommen und wird bis heute angewandt. So folgt auch die Sprengung der Nord Stream-Pipeline der Logik von Mackinders historischer Schrift. Schließlich war Nord Stream genau, was in ihr als Gefahr für eine Übermacht auf See ausgeführt wurde: ein Zusammenschluss von Russland und Deutschland.

Zbigniew Brzezinski, der langjährige außenpolitische US-Präsidentenberater von Jimmy Carter bis Barack Obama hat die Thesen von Mackinder im Detail übernommen und aktualisiert, so z.B. durch das Kapitel *Ukraine* ergänzt. In seinem Buch *»The Grand Chessboard«*, deutscher Titel *»Die einzige Weltmacht«*, erschienen 1997, riet Brzezinski, »einen Keil zwischen Russland und die Ukraine« zu treiben, um Russland so von Europa zu trennen. Und er hat völlig recht: Geopolitik ist wie Schach. Die relevante Frage dabei ist: Was sieht man, wenn man ein Schachbrett und seine Figuren betrachtet – und was sieht man nicht? Antwort: Man sieht die Spieler nicht. Die Spieler im geopolitischen Schach heißen heute USA, Russland und China. Alle anderen Staaten sind die Figuren, mit denen gespielt wird. Ob es sich bei einem Land um einen Bauern, Turm, Läufer oder eine Dame handelt, hängt von verschiedenen Faktoren ab, als da wären

- die geographische Lage
- die Wirtschaftsleistung und
- die Bereitschaft der Gefolgschaft.

Deutschland hat in diesem Spiel das Problem, zwischen den Stühlen zu sitzen oder, genauer ausgedrückt, buchstäblich zwischen den Fronten – und es läuft dabei Gefahr, mittendrin aufgerieben zu werden.

Das alles war bereits Mackinder vor 120 Jahren klar und erneut konnte man es 1997 bei Brzezinski lesen, der schon im Untertitel zu seinem Buch kein Blatt vor den Mund nahm: »*Amerikas Strategie der Vorherrschaft*«. Darin heißt es weiter: »*Eurasien ist das Schachbrett, auf dem sich auch in Zukunft der Kampf um die globale Vorherrschaft abspielen wird. Dieses riesige, merkwürdig geformte eurasische Schachbrett – das sich von Lissabon bis Wladiwostok erstreckt – ist der Schauplatz des global play.*«

Das Buch von Brzezinski war lange Zeit »vergriffen«, bis 2016 der Kopp-Verlag für rund 10 Euro endlich einen Nachdruck auf den Markt brachte. Kopp hatte erkannt, dass das Buch sich von selber verkaufen würde, nachdem nämlich seit 2014 plötzlich und wie zufällig in der Ukraine gekämpft wurde und sich verstärkt daran erinnert wurde, dass genau diese Ereignisse nicht nur in Mackinders, sondern auch in Brzezinskis Werk bereits nicht nur beschrieben, sondern angeraten wurden: Unruhe in Osteuropa. Als der Nachdruck erschien und wie immer von Kopp über die Werbeflächen der Deutschen Bahn beworben wurde, kündigte das Unternehmen nach Jahrzehnten diesem wichtigen Kunden. Offensichtlich kam es irgendwelchen Kräften ungelegen, dass die Menschen das Drehbuch zum »plötzlichen« Ukraine-Krieg für kleines Geld lesen konnten. Auch wenn die Zeit dafür reichlich da wäre, wenn man mal wieder auf einen Zug der Deutschen Bahn wartet.

Kommen wir zu George Friedman, einem weiteren US-Geostrategen und Gründer des privaten Geopolitik-Informationsunternehmens *STRATFOR*, der ebenfalls kein Blatt vor dem Mund nahm, als er 2015 auf dem Panel des *Chicago Councel of Global Affairs* zu Wort kam: *»Das primäre Interesse der Vereinigten Staaten durch das letzte Jahrhundert hindurch – also im Ersten, Zweiten und im Kalten Krieg – sind die Beziehungen zwischen Deutschland und Russland gewesen, denn vereinigt wären diese beiden die einzige Macht, die uns bedrohen könnte – und daher ist sicherzustellen, dass das nicht passiert.«*

Aber wie kann man erreichen, dass diese deutsch-russische Kombination verhindert wird?

»Die USA sind entschlossen, auf das sog. Intermarium zu setzen: das ist eine Linie zwischen dem Baltikum und dem Schwarzen Meer. Die Frage, die jetzt für die Russen auf den Tisch liegt, ist, ob man die Ukraine als eine Pufferzone zwischen Russland und dem Westen haben will, die wenigstens neutral bleiben wird, oder wird der Westen soweit in die Ukraine vordringen, dass er nur noch 100 Kilometer von Stalingrad und 500 Kilometer von Moskau entfernt sein wird. Für Russland stellt der Status der Ukraine eine existenzielle Frage dar. Und die Russen können bei dieser Frage nicht einfach so weggehen und loslassen.«

Friedman sagte also ganz offen, dass Russland den Griff der NATO nach der Ukraine nicht hinnehmen könne.

Sie müssten reagieren. Die Frage war nur, was würde Deutschland tun?

»Nun, wer mir eine Antwort darauf geben kann, was die Deutschen in dieser Situation tun werden, der kann mir auch sagen, wie die nächsten 20 Jahre aussehen werden«

Die Deutschen haben allerdings zunächst einfach weiter an Nord Stream 2 gebaut, denn wäre diese zweite Pipeline wie geplant in Betrieb gegangen, hätte sich die Kapazität, billiges russisches Gas nach Europa zu bringen, verdoppelt. Aber das schien einigen politischen Akteuren ein Dorn im Auge. Die Nord Stream AG wurde 2005 gegründet und hat ihren Sitz in der neutralen Schweiz. Nord Stream gehört zu 51% dem russischen Staatskonzern *Gazprom*, die restlichen 49 % teilt sich ein Konsortium aus deutschen, französischen und niederländischen Energieunternehmen. Die Nord Stream 2 AG hingegen gehört zu 100% zu *Gazprom*. Die verlegten Pipelines durch die Ostsee sind 1234 km lang und hatten 7,4 Milliarden Euro verschlungen. Die erste Leitung, Nord Stream, ging 2011 in Betrieb, 2012 kam eine zweite Leitung hinzu. Darin wurden 55 Milliarden Kubikmeter Gas pro Jahr nach Europa geleitet. Insgesamt wurden rund 26 Millionen Haushalte in Europa mit diesem günstigen russischen Gas versorgt. Überschüssiges Gas wurde mit lohnenswerten Aufschlägen an andere Länder in Europa verkauft. So war das gemeinsame Projekt aus russischer, deutscher, französischer und niederländischer Zusammenarbeit von Anfang an ein Gewinn für alle – außer für die USA.

Am 26. September 2022 wurde Nord Stream durch eine Terroranschlag gesprengt. Der wirtschaftliche Schaden für Deutschland wird auf 50 Milliarden US Dollar beziffert. Damit ist dieser Terroranschlag von seinem Schadensvolumen der größte in der Geschichte der Menschheit. Monatelang wurde untersucht, wer es gewesen sein könnte – kein Ergebnis. Vielleicht weil der Täter selbst das zu verhindern wusste. Und vielleicht, weil das Opfer nicht fragen darf. Wer nicht vollkommen auf den Kopf gefallen ist, erkennt, was hier läuft. Bestehende Machtstrukturen werden mit allen Mitteln verteidigt. Hier geht es um historische Sonderkonditionen, die mit fairem Welthandel in der Gegenwart null zu tun haben. Das Märchen von der Idee eines Welthandels, bei dem das bessere Produkt sich durchsetzen sollte, sind eine Farce. Ein Imperium kennt nur Regeln, die für andere gelten und sie einhegen und begrenzen, während man für sich selber den Anspruch erhebt, über dem Gesetz zu stehen. Der größte Feind des Rechts wäre damit der Anspruch auf ein Vorrecht. Aber wer hat denn nun Nord Stream gesprengt? Vielleicht wieder Araber mit Teppichmessern? Nach Informationen der Reporterlegende *Seymour Hersh* waren es die USA.

Verborgen innerhalb der ohnehin stattfindenden NATO-Ostseeübung Baltops 22 versahen im Juni 2022 US-Spezialtaucher die Pipelines mit funkgesteuerten Sprengladungen. So sollte eine spätere Sprengung nicht mehr eindeutig mit dem NATO-Manöver in Zusammenhang gebracht werden. Drei Monate später wurden dann auf Geheiß des US-Präsidenten Joe Biden Funkbojen in der Ostsee ausgebracht, über die das Funksignal zur Zündung an die Sprengsätze übertragen werden konnte. Von der westlichen Welt werden die Hersh-Recherchen als lächerlich abgetan. Dem Pulitzer-Preisträger wird vorgeworfen, nur mit einem Whistleblower gesprochen zu haben und seine Quelle nicht zu nennen, das sei unseriös.

Dabei sind die Details der Operation extrem genau beschrieben – und Hersh weiß seit 60 Jahren, wie investigative Recherche funktioniert. Bereits 1969 enthüllte er das Massaker von Mỹ Lai in Vietnam, 1972 war er an der Aufklärung des Watergate Skandals beteiligt und 2004 publizierte Hersh die Folterpraktiken der US-Soldaten im irakischen Gefängnis Abu Ghraib. All diese Recherchen wurden zu Anfang immer abgestritten, eben **weil** sie wahr waren. Hershs Enthüllungen über Nord Stream sind, so wie man es von ihm kennt, schlüssig und glänzen durch enorme Recherchetiefe. Natürlich arbeitet Hersh mit Quellen, die immer nur er und sein Team kennen und die nie verraten werden. Man nennt es Informantenschutz, im Journalismus ein ehernes Gesetz. Es nicht zu beachten, bedeutet für jeden Journalisten den Verlust seiner Quellen.

Das Brisante an dieser Version der Nord Stream-Sprengung ist, dass sowohl die Beschuldigten als auch die Geschädigten gleichermaßen Mitglieder der NATO sind:

Ein NATO-Mitglied hat ein anderes angegriffen. Im Ergebnis haben USA und Norwegen einen großen Teil der weggebrochenen Gaslieferungen in die EU übernommen, natürlich zu einem deutlich höheren Preis als das durch langjährige Verträge gesichert günstige russische Gas. Das Gas, das Deutschland nicht mehr aus Russland bekommt, muss es nun zum dreifachen Preis in den USA und am Markt kaufen. Erst jetzt und damit entgegen allen anderslautenden Behauptungen ist die BRD damit erpressbar, denn sie ist nun abhängig von den USA. Und der Plan, Deutschland wieder stärker an Washington zu binden, wurde weit vor dem Ukraine-Krieg gefasst, wir erinnern uns an Mackinder, Brzezinski und Friedman. Die Invasion der Russischen Föderation in der Ukraine kamen den USA somit gelegen, um dieses Vorhaben besser getarnt umzusetzen.

So war der Anschlag auf Nord Stream in erster Linie ein Anschlag auf den Industriestandort Deutschland. Die USA haben sich mit diesem Terroranschlag den größten Konkurrenten in Europa vom Hals geschafft. Dass das Anschlagsopfer BRD das nicht sehen will, sondern seine Energie jetzt zum dreifachen Preis beim Täter USA einkauft, erinnert an das sog. *Stockholm-Syndrom*: Das Opfer solidarisiert sich mit dem Täter, um die eigene Ohnmacht ertragen zu können. Sie ist auch daran zu erkennen, dass nunmehr bald 80 Jahre nach Kriegende immer noch US-Soldaten an 20 Standorten in der BRD stationiert sind. Die Kasernen Ramstein und Stuttgart werden dazu genutzt, um US-Kriege gegen den Nahen

Osten und Afrika logistisch zu organisieren. Und am US-Standort Kaiserslautern wurde das logistische Hauptquartier der von den USA dominierten NATO errichtet, um den Krieg zwischen der Ukraine und Russland zu intensivieren. Das ist ein eklatanter Missbrauch des Gastrechtes. Oskar Lafontaine brachte das schon im Titel seines aktuellen Buches auf den Punkt: *»Ami, it's time to go«*.

Am 7. Februar 2022 gab Joe Biden und Olaf Scholz eine gemeinsame Pressekonferenz im Weißen Haus – auch wenn sich möglicherweise mittlerweile beide daran nicht mehr erinnern können. Auf dieser Pressekonferenz sagte der US-Präsident Joe Biden Folgendes: *»Wenn Russland in die Ukraine einmarschiert, wenn es mit Panzern und Truppen die Grenze erneut überquert, wird es kein Nord Stream 2 mehr geben. Wir werden dem ein Ende setzen.«*, und auf Nachfrage einer Journalistin, dass Nord Stream ja nur Russland und Deutschland etwas anginge, setzte er nach: *»Wir können das tun, glauben Sie mir.«* Wenn andere Personen solche Drohungen öffentlich verlautbaren würden und es käme im Anschluss zu einer Aktion, die der Drohung genau entspricht, würde in jedem Fall die Kripo zumindest einmal vor der Tür stehen. Wenn hingegen ein Mitglied der Weltpolizei droht, ermittelt offensichtlich keiner.

Dass Joe Biden nicht mehr ganz bei Sinnen ist, muss nicht weiter ausgeführt werden. Der Mann ist geistig kaum noch zurechnungsfähig, inzwischen auch offiziell als untauglich erklärt worden für eine weitere Amtszeit, aber damit auch ein treffendes Symbol für den Zustand der Weltmacht. Dennoch bringt uns Bidens Drohung direkt zu Egon Bahr. Er war der eigentliche Architekt der deutschen Entspannungs- und Annäherungspolitik gegenüber der damaligen Sowjetunion unter Willy Brandt ab 1969. Bahr sagte 2015: *»In der internationalen Politik geht es nie um Demokratie oder Menschenrechte. Es geht um die Interessen von Staaten. Merken sie sich das, egal was man ihnen im Geschichtsunterricht erzählt.«* Dieselbe Erkenntnis hatte vor Bahr der französische Präsident Charles de Gaulle: *»Nationen haben keine Freunde, Nationen haben Interessen.«* Und auch Julius Cäsar wusste schon: *»Wir haben weder ewige Verbündete noch ewige Freunde. Wir haben nur Interessen.«*

Kapitel 11 - Exit Strategie

Die Zeit des Imperiums USA ist vorbei. Wir leben längst in einer multipolaren Welt, und das ist auch gut so. Steigen wir daher endlich aus der Propaganda-Matrix aus – lieber heute als morgen!

»*In die Tür und Exit*«, wie man unter Fallschirmspringern sagt.

Natürlich wehren Imperien sich gegen ihren Niedergang und auch die USA werden den Traum von der Weltherrschaft nicht freiwillig begraben, eher werden sie Deutschland begraben. Der künstliche Konflikt mit Russland passt dazu, läuft seit über 100 Jahren und wurde von langer Hand geplant. Wie im vorigen Kapitel ausgeführt, geht es um imperiale Interessen. Es darf keinen Frieden auf der Eurasischen Platte geben, denn nur so können die USA die Welt in Schach halten. Ein Imperium setzt am Ende des Tages immer auf Gewalt und das Prinzip *Teile und Herrsche*. Sowohl historisch als auch humanistisch gesehen ein Fehler, allerdings einer, den man schon lange macht und daher perfektioniert hat. Aber der Untergang kündigt sich seit Langem an. Der Niedergang der USA begann spätestens mit dem Zusammenbruch der UdSSR. Über Nacht standen die USA ohne solides Feindbild da, was mit einem Nebeneffekt daherkam: Es gab kein Korrektiv mehr, das sie vor der eigenen Überdehnung, dem eigenen Größenwahn schützte. Nach dem Zerfall Russlands war ein Machtvakuum auf der Eurasischen

Platte entstanden, ein schmales Zeitfenster, das die USA nutzte, um ihre Einflusszone immer weiter und weiter zu vergrößern. Diese Ausdehnung geschah in mehreren Phasen und führte bereits 1999 in dem von Mackinder und Brzezinski als Herzland beschriebenen Osteuropa zu dem bis heute bedeutenden Sündenfall der 78 Tage währenden Bombardierung der souveränen Bundesrepublik Jugoslawien durch das vermeintliche Friedensbündnis NATO. Auch Deutschland war seinerzeit an vorderster Front mit dabei. Der damalige SPD-Kanzler Gerhard Schröder war sowohl ein Mann, der sich der NATO und US-Interessen andiente, als auch einer, der den persönlichen Kontakt zum russischen Präsidenten Vladimir Putin suchte und Geschäfte der BRD mit Russland eintütete. Schröder vertrat damit tatsächlich noch beides, nämlich US- **und** BRD-Interessen.

Parallel dazu wurden immer mehr Staaten des ehemaligen Warschauer Paktes in die NATO aufgenommen – ganz entgegen des im Rahmen des Zwei-plus-Vier-Vertrags gegebenen Versprechens, die NATO würde sich im Gegenzug zum russischen Abzug aus Ostdeutschland nicht nach Osten ausbreiten. Unter Einbeziehung dieser Staaten wurde so Schritt für Schritt ein *cordon sanitaire* um die Russische Föderation geschaffen, ein *Intermarium* ganz im Sinne der Herzlandtheorie, in dem alsbald auch NATO-Soldaten stationiert wurden. Zum Beispiel im *Camp Bondsteel*, einer Militärbasis auf dem Gebiet der nach der Zerschlagung Jugoslawiens entstandenen Teilrepublik Kosovo, die traurige Berühmtheit als

US-Foltergefängnis erlangte, nachdem der Menschenrechtskommissar des Europarates Álvaro Gil-Robles dort 2002 »schockierende Zustände« beschrieb. Nach diesem ersten Verschieben der US-Einflusszone in Richtung Moskau folgte 2014 der zweite Schritt: Der Griff nach der Ukraine, ebenfalls von Brzezinski in seinem Buch *»Die einzige Weltmacht«* als nötiger Schritt beschrieben. Sich der Ukraine zu bemächtigen war also ein Plan, der seit Jahrzehnten feststand. Und nichts wird gründlicher vorbereitet als ein Krieg, der plötzlich ausbricht. Um entsprechend vorbereitete Pläne letztlich umzusetzen, bedarf es grundsätzlich immer einer Kriegslist. Allerdings darf man diese List unter keinen Umständen einräumen. Man muss sogar bestreiten, was für jeden klar erkennbar ist. Diese Propaganda-Methode nennt man *Gaslighting*. Dabei soll der Zuschauer seiner eigenen Wahrnehmung nicht mehr trauen und dadurch komplett verwirrt werden.

Ein weiterer kurzer Buchtipp muss in diesem Zusammenhang erlaubt sein, denn diese und viele andere Techniken der Manipulation lassen sich in einem aktuellen Buch von Johannes Menath nachlesen: *»Moderne Propaganda – 80 Methoden der Meinungslenkung«*

Das Verteidigungsbudget, welches das Pentagon aus dem Haushalt bekommt, beträgt jedes Jahr mindestens rund 800 Mrd. US-Dollar. Das ist der Tribut, den die Rüstungsindustrie, der sog. *Militärisch-Industrielle-Komplex* jedes Jahr fordert, um neue Waffen zu produzieren.

Eine Verringerung würde den Verlust von Millionen an Arbeitsplätzen kosten. Damit die Notwendigkeit der Auftragsvergabe erhalten bleibt und jedes Jahr erneut erfolgt, müssen die produzierten Waffen verbraucht werden. Ohne immer neue Kriege ist das nicht zu bewerkstelligen. So ist der permanente Kriegszustand, mit dem die USA jeden noch so entlegenen Winkel der Welt überziehen, schon deshalb zwingend notwendig, um die USA innenpolitisch stabil zu halten.

Wie wir schon gesehen haben, ist die Hauptaufgabe der Mainstream-Presse hingegen, über diese Mechanismen Verwirrung zu stiften. Nur, was kann der Bürger, jeder Einzelne von uns tun, wenn die Atlantik-Brücken-Presse ihn für dumm verkauft? Die Antwort und so auch die Handlung ist einfach: Die entsprechenden Presseerzeugnisse nicht kaufen, ihre Sender nicht mehr einschalten. Auch dann nicht, wenn man sie über die Rundfunkgebühren selber bezahlt hat. Stattdessen sollte der mündige Bürger auf konzernunabhängige Medien setzen und **diese unterstützen**!

Und er sollte wieder mehr Bücher lesen, ganz besonders zum Thema Geopolitik. Hier einige weitere Tipps, alle zwischen 2014 und 2022 erschienen:

- *»Die Eroberung Europas durch die USA. Eine Strategie der Destabilisierung, Eskalation und Militarisierung«* von Wolfgang Bittner, 2014
- *»Deutschland im Umbruch: Vom Diskurs zum Konkurs – Eine Republik wird abgewickelt«* von Willy Wimmer,

2018. Wimmer war unter Helmut Kohl an den Zwei-plus-Vier-Verträgen beteiligt, hat NVA und Bundeswehr fusioniert und leistete dabei wertvolle innen- und außenpolitische Arbeit für die damals frisch wiedervereinigte BRD.

- *»Die Macher hinter den Kulissen. Wie transatlantische Netzwerke heimlich die Demokratie unterwandern«* von Hermann Ploppa, 2022.

All diese Bücher sind aktuell und beschreiben den Status Quo. Dass es so kommen würde, hatten aber andere auch schon vor mehr als 50 Jahren vorausgesagt, z.B. der französische Publizist Jean-Jaques Servan-Schreiber, Gründer des Polit-Magazins *L'Express*. In seinem Buch *»Die amerikanische Herausforderung«* konnte man schon 1967 lesen: *»Sobald Westeuropa erst einmal abgehängt und disqualifiziert ist, werden sich die USA in vollkommener Isolation in einem avantgardistischen Reich befinden. Eine für Europa unannehmbare, für Amerika gefährliche und für die Welt katastrophale Situation. Wer ein solches Monopol innehat, würde unweigerlich in den Imperialismus verfallen.«*

Dieses Imperium kann ohne Krieg nicht überleben. Krieg ist daher die DNA der USA und wir erleben das ewige Comeback der Kriegstreiber, der Falken, wie sie verharmlosend genannt werden. Für diese Menschen ist und bleibt Krieg ein legitimes Mittel der Politik, um privatwirtschaftliche Interessen durch den von ihnen unterwanderten Staat durchsetzen zu lassen.

Der Historiker Wolfgang Effenberger, Autor des Buches *»Die Wiederkehr der Hasardeure«*, bringt es auf den Punkt wenn er die Architekten des Ersten und Zweiten Weltkrieges als kühl kalkulierende, machtbesessene Hasardeure darstellt. Als Geschäftsleute, die damals wie heute genau wussten, was sie taten und die mit Vorsatz handelten. Effenberger nennt Ross und Reiter, wenn er von jenen Tätern spricht, die bis heute skrupellos Millionen Menschen in den Tod schicken und Krieg als ihr Geschäftsmodell installiert haben: *»Sie finden sich unter Politikern, Militärs, Unternehmern und Bankiers, die ihren Einfluss häufig aus zweiter Reihe ausüben. Völlig unterschätzt wird das Wirken verdeckter Netzwerke, deren Wurzeln in die Zeit vor dem Ersten Weltkrieg zurückreichen. Heute, ein Jahrhundert später, wird erneut ein Konflikt der Großmächte heraufbeschworen, und die Massenmedien stimmen wie seinerzeit in den Kriegskanon ein.«*

Die Exit-Strategie

Wir leben in einem System, das nicht ohne Krieg auskommen kann und das weltweit immer neue Märkte erobern muss. Da diese Welt aber nicht überall ohne Weiteres willig ist, braucht es dazu Gewalt, auch an der Heimatfront, um dort jegliche Kritik möglichst früh im Keim zu ersticken. Die Soziologie und Verhaltensforschung hat dazu die Klaviatur bereitgestellt, auf der das Lied der Propaganda gespielt wird. Das Ergebnis sehen und spüren wir täglich. Ganze Bevölkerungen leben längst in permanenter Angst, Angst die künstlich erzeugt wird, denn Angst lähmt, wie wir ebenfalls aus der Verhaltensforschung wissen. Wer sich also partout nicht lähmen lassen und gehorchen will, wird sozial isoliert oder diffamiert. Um diesen Angriffen durch Diffamierung, Manipulation und Angst standhalten zu können, benötigen wir zuallererst einen stabilen *inneren* Frieden. Er ist die Grundvoraussetzung, um den *äußeren* Frieden umzusetzen. Für ein sicheres und zufriedenes Leben in dieser Bundesrepublik ergeben sich außerdem einige weitere Notwendigkeiten:

- Raus aus der NATO
- Wir brauchen mehr Mumm. Mumm führt zur Selbstermächtigung
- Wir brauchen *Direkte Demokratie.* Nur mit ihr lässt sich das Paradoxon der *Repräsentativen Demokratie* hin zu einer tatsächlichen Demokratie ablösen. Demokratie bedeutet im Kern, dass das Volk das letzte Wort hat. *Repräsentative Demokratie* dagegen lässt die Bürger nach der Stimmabgabe permanent von Parlament und Regierung bevormundet dastehen. Was nützen in dieser Konstellation Mehrheiten in der Bevölkerung, wenn die Minderheit der Regierung dagegen ist?
- Wir brauchen ein demokratisches Geldsystem. Ein System, in dem der Staat sich nicht mehr das Geld von privaten Banken zu deren Konditionen leihen muss. Denn dieses System dient nur einer überschaubaren Gruppe von obszön reichen Personen. Sie sind aber nicht nur *reich,* sondern dadurch auch *einflussreich.* Sie können jede Regierung kaufen – und tun dies auch.

- Wir brauchen eine Reichtums-Begrenzung. Das geht nur mit einem gerechten Steuersystem.
- Wir benötigen ein neues Bildungssystem. Ein System das *bildet* und nicht *verbildet* – oder treffender: verblödet. Ein System, das beim Bürger, von frühester Jugend an den Widerspruch und das kritische Denken fördert. Denn wir alle wissen aus eigener Erfahrung: Wem einmal ein Licht aufgegangen ist, der lässt sich nicht mehr so leicht hinter selbiges führen.
- Wir brauchen zivilen Ungehorsam.
- Wir brauchen Meinungsfreiheit. Und zwar im Sinne eines Noam Chomsky:
  »Wenn Sie wirklich für Meinungsfreiheit sind, dann sind Sie für die Meinungsfreiheit von genau den Ansichten, die sie verachten. Andernfalls sind sie nicht für die Meinungsfreiheit.«
- Wir brauchen mehr Dezentralität.
- Wir brauchen mehr Transparenz der Macht.
- Wir brauchen eine wirklich unabhängige Justiz.
- Wir brauchen einen neuen Gesellschaftsvertrag.

Könnte man also einfach abwarten, bis sich an der Spitze der Macht ein Einsehen breit gemacht hat?
Das wäre vollkommen naiv.

Solche Veränderungen werden nicht von der politischen Kaste zum Bürger herabsteigen. Der Bürger muss diese Rechte vom Machtapparat einfordern und für sie kämpfen. Die Erfahrung lehrt, die Sanftmütigen werden die Erde besitzen – aber nicht die Schürfrechte. Es sei denn, wir setzen unseren Fuß auf das, was uns zusteht. Das Volk sollte aufhören, in der Demokratie um mehr Mitspracherecht zu betteln. Wer sich als Bürger so verhält, wird von den Machteliten zum Narren gehalten. Dieser Gesellschaftsvertrag kann nur von unten kommen, von der Basis – und damit meine ich keine neuen Parteien. Parteien haben uns dahin gebracht wo wir heute stehen. Parteien sind Anlaufstellen für Lobbyisten und damit Korruptionsmaschinen. Sie fördern Personen, die im richtigen Leben gescheitert sind, Personen für die der politische Betrieb der letzte Strohhalm ist. Anstelle immer neuer Parteien brauchen wir eine Sondermülldeponie für die alten. Wahlprogramme müssen in der Zukunft verpflichtend sein. Wenn eine Partei nach der Wahl das Gegenteil von dem tut, was sie im Programm angekündigt hat, handelt es sich um ein Delikt, das man überall sonst als Betrug bezeichnet. Solche Parteien sind Mogelpackungen, die mit einer betrügerischen Absicht auf Stimmenfang gehen und die Absicht ihrer Politiker ist es, sich auf unser aller Kosten persönlich zu bereichern. Solche Parteien und ihre Politiker sollten disqualifiziert werden.

Das Hauptproblem der *Repräsentativen Demokratie* ist, dass versucht wird, sie immer weiter zu zentralisieren. Dazu werden gesichtslose Bürokratien geschaffen. Brüssel und die EU sind solche gesichtslosen Bürokratien. Insbesondere dienen sie vor allem US-Interessen. Über den Hebel Brüssel lassen sich US-Interessen sehr viel effizienter auf die Staaten innerhalb der EU übertragen, als wenn Washington oder Langley jedes Land in Europa einzeln abklappern müssten. Diese Form der Machtkonzentration, diese sich hermetisch abschottenden Zentren müssen daher zerschlagen werden. Europa sollte sich aus dem Klammergriff der USA befreien. Es muss sich emanzipieren oder es hat als Standort keine Zukunft. Wir brauchen ein Europa der Vaterländer. Und wir brauchen ein Europa, das eine von den USA unabhängige Europa- und Außenpolitik betreibt. Diese Politik kann nur eine Politik des Friedens und der Diplomatie sein. Wenn sich Europa nicht emanzipiert, wird es eher früher als später erneut eine Kampfzone, um die US-Interessen auf der eurasischen Platte durchzusetzen.

Auf dem US-Luftwaffenstützpunkt Ramstein wird aktuell die Bettenkapazität des Lazaretts auf mehr als 4000 ausgebaut. Das ist ein Zeichen, das man nicht mehr fehlinterpretieren sollte. Auch die aktuelle Drehscheibe der USA im Ukrainekrieg steht in Wiesbaden, dem Europa-Hauptquartier der US-Streitkräfte in Europa. Damit wird Gebiet der BRD einmal mehr klares Ziel der Russischen Föderation, wenn es in einem erweiterten Krieg der NATO gegen Russland zu einer direkten militärischen Konfrontation kommt. Russische Raketen brauchen keine vier Minuten, um in der BRD gelegene US-Stützpunkte zu pulverisieren. Deutschland sollte das US-Militär endlich nach Hause schicken: Army go Home!

Unsere Gegenwart ist voller Widersprüche, aber nahezu frei von Widersprechenden. Ein Volk, das sein Wort aber nicht mehr gegen die abgehobene Obrigkeit erhebt, hat sich vom mündigen Bürger zum hündelnden Untertanen zurückentwickelt. Hören wir endlich auf zu kriechen, schalten wir die Propaganda ab und unsere Gehirne und Herzen ein. Die Hälfte der Fehler, die wir in unserem Leben machen, entstehen daraus, dass wir fühlen, wo wir denken sollten, und denken, wo wir fühlen sollten. Fallen wir also nicht auf die plumpen Botschaften des Systems herein, das uns mit Botschaften wie: *»Leben Sie, wir kümmern uns um die Details«* zu sedieren versucht. Das Leben **besteht** aus Details und wer das bestreitet, lügt!

Lassen wir einen Meister der angewandten Lüge zu Wort kommen: Josef Goebbels. Er hatte Bernays nur zu gut verstanden und für unsere Großeltern damals dasselbe im Sinn, was uns heute als *Great Reset* verkauft wird: *«Wenn man eine große Lüge erzählt und sie oft genug wiederholt, dann werden Leute sie am Ende glauben. Man kann die Lüge so lange behaupten, wie es dem Staat gelingt, die Menschen von den politischen, wirtschaftlichen und militärischen Konsequenzen der Lüge abzuschirmen. Deshalb ist es von lebenswichtiger Bedeutung für den Staat, seine gesamte Macht für die Unterdrückung abweichender Meinungen einzusetzen. Die Wahrheit ist der Todfeind der Lüge, und daher ist die Wahrheit der größte Feind des Staates.«*

Goebbels wusste um die Macht, die von permanenter Wiederholung ausgeht. Und auch heute ist es kein Zufall, dass in den permanenten Talk-Shows die immer gleichen Puppen die immer gleichen Argumente auf die immer gleichen Fragen absondern.

Das Gehirn des Menschen funktioniert hier wie Google – oder umgekehrt. Die Lüge, die wir zuletzt gehört haben, wird uns übermorgen als Wahrheit vorgeschlagen. Deshalb gilt: Glauben wir nicht alles, was wir denken! Hören wir auf, geistigen Sondermüll zu konsumieren. Dabei spielt es keine Rolle, ob man diese Inhalte vor der Glotze konsumiert oder sich über das Smartphone das Gehirn waschen lässt. In jedem Fall endet man als *Neander-digi-taler*. Denn wo wir denken, auf dem Laufenden gehalten zu werden, hält man uns in Wirklichkeit nur auf Trab. *»Wenn du nicht aufpasst, werden die Zeitungen dich dazu bringen, die Menschen zu hassen, die unterdrückt werden und jene zu lieben, die unterdrücken.«* Diese Aussage stammt von Malcolm X, der dem System ein Dorn im Auge war – und keines natürlichen Todes starb. Seine Botschaft indes ist heute so lebendig wie damals und wird auch durch den Ausspruch eines Otto von Bismarck nur bestätigt: *»Ein Gedanke, der richtig ist, kann auf Dauer nicht niedergelogen werden.«*

Brauchen wir also eine Revolution?

Die R-Evolution

– Leben und Tod –

Die nächste Revolution sollte vor allem eine spirituelle sein. Der Mensch ist mehr als Körper und Ego. Wir brauchen eine Abkehr vom Materialismus.

Der Mensch hat eine Seele und ist Teil von etwas Größerem, das sich außerhalb seiner selbst befindet. Verwechseln wir nicht unser Ego mit unserem Bewusstsein. Wir sind nicht unsere Gedanken und wir sind auch nicht unsere Gefühle. Unser Körper ist ein Werkzeug, mit dem wir individuelle Erfahrungen im Jetzt machen. In der Unendlichkeit wäre das nicht möglich. Jeder von uns hat dieses Jetzt gebucht, denn nur im Jetzt kann der Einzelne eigene Erfahrungen machen. Und dieses Jetzt endet – den *Great Reset* gibt es also bereits. Sein Name ist *Tod* und er wird auch die aktuelle Neuinterpretation von Klaus Schwab überleben. Das Leben hingegen, also auch unser Leben, währt ewig. Ein Buch wie *»Stille Spricht«* von Eckart Tolle ist geeignet, dass man nachhaltig die Angst vor dem Tod verliert. Der Tod ist einfach nur die andere Seite und er endet in Geburt.

»Hinter'm Horizont Gates weiter« – daran kann auch Bill nichts ändern. Auch er hat im Kern nur Angst vor dem Tod und es wurmt ihn, dass er von anderen Superreichen inzwischen in seinem Reichtum eingeholt wurde. *»Das wirkliche Drama der reichen Leute ist, dass es immer noch reichere gibt«*, sagte schon der große Philosoph Karl Lagerfeld.

Unser aller Bewusstsein ist Teil des einen großen Bewusstseins. Dieses befindet sich außerhalb unserer Körper in einer völlig anderen Dimension und ist durch nichts und niemanden wirklich hackbar. Der Mensch ist gleichsam Teil einer Cloud, die weder Zeit noch Raum kennt. Diese Cloud gibt sich dem menschlichen Bewusstsein immer wieder zu erkennen, und offenbart sich zuweilen in bestimmten Menschen. Ein Mensch mit dieser Besonderheit, wir nennen ihn dann vielleicht *Medium, Schamanin, Medizinmann* o.ä., hat die Gabe des direkten Zugangs zur Cloud und ist im wahrsten Sinne des Wortes übermächtig. Sie sind Vertreter von Mächten, die in jeder Hochkultur als Ursprung allen Wissens über das Leben verehrt wurden. Doch diese Mächte sind nicht nur Freunde, sondern es gibt auch Gegenspieler, die verhindern wollen, dass der Mensch sich als spirituelles Wesen erkennt und in Folge die Angst vor dem Tod verliert. Wer sich für ein Leben als Mensch entscheidet, hat die Wahl, welcher Seite der Macht er vertrauen will – der hellen oder der dunklen.

Wer das Leben wie einen Film betrachtet und zu verstehen versucht, welche Rolle er in diesem Film tatsächlich spielt, hat auch keine Angst vor dem Abspann. Der Abend endet immer damit, dass der Mensch als freier Zuschauer das Kino verlässt, um eine neue Rolle, in einem neuen Film, in einem neuen Kino zu übernehmen. Wir alle sind die Schauspieler in unserem eigenen Film. Wir nennen diesen Film *Leben*. Erst wenn wir beginnen, unseren eigenen Text zu sprechen, statt nur nachzuplappern, was andere hören wollen, haben wir unsere Rolle gefunden. Wir improvisieren und stehen dann ohne Angst auf der Bühne – und nur wer ohne Angst ist, ist auch frei.

– Gesetze –

Dennoch unterliegt der Mensch kosmischen Konstanten, wie etwa den Gesetzen der Polarität und der Resonanz.

Das *Gesetz der Polarität* besagt, dass das eine nicht ohne das andere existieren und damit erkannt werden kann. So ist Hell nicht ohne Dunkel vorstellbar, Gut nicht ohne Böse, Raum nicht ohne Zeit und Einatmen nicht ohne Ausatmen. Ein Pol erfordert zwingend seinen Gegenpol. Denn nur zusammen ergeben sie den Rhythmus, der das Leben dominiert. Das menschliche Bewusstsein erlebt diesen Planeten meist wie ein Flächenland. Schon eine dritte Dimension ist für den Menschen im Alltag kaum erlebbar. Hier hilft z.B. Meditation dabei, neue Erfahrungen außerhalb der physischen Dimensionen zu machen – vor allem die der großen Verbundenheit, die große Einheit mit allem.

Diese Einheit ist für den Menschen nur schwer erfahrbar. So sehr er sich auch bemüht, sein Bewusstsein kann in der Regel nur in Gegensätzen denken, in der Abgrenzung. Der Mensch nimmt beide Pole stets hintereinander wahr, nie gleichzeitig. Auf der Suche nach dem Überwinden dieser Trennung haben Menschen schon immer bewusstseinserweiternde Drogen genommen, z.B. das dem LSD verwandte Kykeon von Eleusis, das bei den alten Griechen als Mittel der Erleuchtung bekannt war.

Auch Menschen, die eine Nahtod-Erfahrung erlebt haben können diese Erleuchtung nie wieder vergessen. Sie glauben nicht an ein Leben nach dem Tod, sie haben es am eigenen Leib erfahren. Der Tod bringt Klarheit. Er ist die Brücke in das universelle Bewusstsein, das hinter allem steht. Diese Ansicht vertreten nicht nur die Vertreter der Weltreligionen, sondern inzwischen auch immer mehr Quantenphysiker. Ohne eine immaterielle höhere Ordnung, ein physisch nicht zu messendes Bewusstsein ist das Universum nicht erklärbar, wusste Burkhard Heim, der größte Denker nach Albert Einstein.

Das zweite Gesetz, dem der Mensch sich auf Erden zu stellen hat, ist das *Gesetz der Resonanz.* Während der eine Mensch, übersetzt gesprochen nur UKW empfangen kann, ist ein anderer ausschließlich auf Mittelwelle eingestellt. Was beide nie können ist, sich zu einigen, was sie beide gehört haben. Der eine kann das Gehörte des anderen nie bestätigen. Es bleibt für ihn eine reine Behauptung, ein Fake. Er empfängt es nicht. Jeder einzelne von uns ist und bleibt ein Gefangener seiner eigenen Welt, die er für *die Welt* hält. Aber niemand von uns kennt *die Welt.* Er kennt immer nur den Teil der Welt, für den er empfänglich ist, die Ereignisse und Phänomene, die er empfängt. Was er nicht empfängt, existiert für ihn hingegen nicht. Kein Mensch kann seine Welt verlassen, um die eines anderen zu betreten, nicht im Hier und Jetzt. Wir sind keine menschlichen Wesen, die eine spirituelle Erfahrung machen. Wir sind spirituelle Wesen, die eine menschliche Erfahrung machen. Darum sind wir hier.

Wir bereiten uns über den Schulungsplaneten *Erde* auf die Rückkehr ins Paradies vor. Ein Medium wie Rudolf Steiner, der Gründer der Waldorfschulen, wusste, dass es Kräfte gibt, die uns daran hindern wollen, zurückzukehren. Kräfte, die alles dafür tun, dass wir uns nicht als spirituelle Wesen erleben, damit wir weiter vor uns hindämmern, anstelle endlich zu erwachen.

Steiner formulierte bereits 1917 folgende Warnung an zukünftige Generationen: »*Die Seele wird man abschaffen durch ein Arzneimittel. Man wird aus einer 'gesunden Anschauung' heraus einen Impfstoff finden, durch den der Organismus so bearbeitet wird in möglichst früher Jugend, möglichst gleich bei der Geburt, dass dieser menschliche Leib nicht zu dem Gedanken kommt: Es gibt eine Seele und einen Geist. So scharf werden sich die beiden Weltanschauungsströmungen gegenübertreten.*«
»*Die eine wird nachzudenken haben, wie Begriffe und Vorstellungen auszubilden sind, damit sie der realen Wirklichkeit, der Geist- und Seelenwirklichkeit gewachsen sind. Die andern, die Nachfolger der heutigen Materialisten, werden den Impfstoff suchen, der den Körper 'gesund' macht, das heißt, so macht, dass dieser Körper durch seine Konstitution nicht mehr von solch albernen Dingen redet wie von Seele und Geist, sondern 'gesund' redet von den Kräften, die in Maschinen und Chemie leben, die im Weltennebel Planeten und Sonnen konstituieren. Das wird man durch körperliche Prozeduren herbeiführen. Den materialistischen Medizinern wird man es übergeben, die Seelen auszutreiben aus der Menschheit.*«
Denken Sie jetzt auch gerade an die Coronaspritzen?

– Heilung –

Ein weiteres Medium war Bruno Gröning, ein Mensch, der durch seine bloße Anwesenheit Menschen heilen konnte. *Heilen* bedeutet für ihn, die natürliche Ordnung wieder herzustellen. Gröning war weder Arzt noch Heilpraktiker, sondern Zimmermann. Dieser Zimmermann kam nicht aus Nazareth und zudem sprach er deutsch. Er hatte aber denselben direkten Draht nach ganz oben wie sein berühmter Vorgänger. Gröning machte *kaputte* Menschen wieder *heil*, indem er ihnen dazu riet, sich für etwas viel Größeres zu öffnen. So konnte die Cloud durch ihn auf die kranken Menschen wirken und in ihnen etwas bewirken – sie wurden geheilt. Gröning wurde in den 1950er Jahren zum Massenphänomen und es entstand sogar ein Dokumentarfilm über seine Fähigkeiten, in dem seine heilenden Kräfte dokumentiert wurden.

Aber wie reagierten die Pharisäer der Pharmaindustrie? Sie setzten ein HEILVERBOT gegen Gröning durch und er wurde verurteilt und mit Gefängnis bedroht, woraufhin er alsbald verstarb. Der Zimmermann Bruno Gröning ist eine menschgewordene Metapher, die uns daran erinnern soll, dass wir als Menschen frei sind. Jeder für sich und alle zusammen. Die Käfige, in denen sich die meisten von uns befinden, sind hausgemacht. Wir halten die Käfigtür selber von innen zu, denn man hat uns Angst vor dieser Freiheit gemacht.

– Selbstermächtigung –

»Nicht einige wenige sind berufen, sondern alle.«
(Joseph Beuys)

Deshalb müssen wir mitnichten alles neu erfinden. Die Zukunft wurde in der Vergangenheit bereits mehrfach erfolgreich getestet. Zum Beispiel 1932 im österreichischen Wörgl. Das kleine Dorf führte mitten in der Weltwirtschaftskrise eine eigene lokale Währung ein und erlebte einen ungeheuren Aufschwung, der erst durch den Einsatz der österreichischen Armee beendet wurde. Wörgl erfährt im Ort Rettenbach im Allgäu eine Renaissance. Rettenbach produziert seinen eigenen Strom und Kraftstoff und verfügt mit dem Weichbergtaler über seine eigene Währung mit, der im Ort nicht nur eingekauft werden kann, sondern mit dem auch die Steuern bezahlt werden können!

Wer erinnert sich noch an die Anarchisten in Spanien, die 1936 den Versuch wagten, sich selbst zu regieren? Dieses auch ökonomisch sehr erfolgreiche Experiment wurde durch die berüchtigte Legion Condor, also mit Hilfe der Nationalsozialisten auf Bitten des Spanischen Diktators Francisco Franco, beendet.

Nur ein Militäreinsatz also vermochte es in beiden Fällen, die Bürger zum Gehorsam zu zwingen. Wie Hannah Arendt jedoch anmerkte, *»es gibt kein Recht auf Gehorsam«*.

Es ist Zeit für ein Remake von Katalonien anstelle eines Remakes von Remarque. Wir brauchen im Westen etwas grundlegend Neues, wir brauchen *Kooperrenz!*

Dieses Wort kannte der amerikanische Philosoph Henry David Thoreau, der 1849 den Begriff *Ziviler Ungehorsam* prägte, zwar nicht, aber seine Botschaft zielte in dieselbe Richtung: *»Die beste Regierung ist die, welche gar nicht regiert!«*

Also doch Revolution?

Die meisten Revolutionen waren leider blutig und das, was nach ihnen kam, in der Regel eine Enttäuschung. Aber Erfahrungen, die man sammeln will, muss man selber machen. Viele haben damit bereits angefangen, als Teil der Friedensbewegung, als Teil der Menschheitsfamilie. Die nächste Revolution sollte daher vor allem eine spirituelle sein. Und – sie muss grooven: *»Wenn ich nicht tanzen kann, will ich eure Revolution nicht!«*, brachte es die amerikanische Anarchistin Emma Goldman auf den Punkt. Tanzen wir den Mächtigen auf der Nase herum. Drehen wir den Sound soweit auf, dass deren Geschwafel unser Ohr nicht mehr erreicht, und kommen wir dann ins Handeln!

Kooperrenz ist der Schlüssel. Und echte, direkte Demokratie. Eine Demokratie, die nicht nur die Würde des einzelnen Menschen achtet, sondern darüber hinaus auch Respekt vor der Schöpfung hat, vor jeder Lebensform.

Die Zeit ist reif für eine deutlich erweiterte Perspektive des Zusammenlebens auf unserem Planeten. Die Zeit ist reif für *Demutkratie.*

Über den Verein Soufisticated e.V.

Ziele und Aufgaben des Vereins

Ziel des Vereins ist es durch eine intensive journalistische Tätigkeit, welche sich nach dem Pressecodex zu richten hat, Vereinsmitgliedern, Interessenten und der Öffentlichkeit Informationen und Inhalte zur Verfügung zu stellen, z.B. durch Publikation dieser Informationen auf den üblichen Wegen, um eine möglichst umfassende und vollständige Kenntnis darüber zu vermitteln, wie ein friedliches Miteinander in einer zunehmend komplexeren Gesellschaft funktionieren kann.

Neben den üblichen Wegen der Publikation dienen als Mittel des Informationstransfer und der Wissensvermittlung unter anderem auch Schulungen, Studienreisen, Vorträge, Workshops, Messeauftritte, Seminare, Veranstaltungen und Veröffentlichungen. Vollumfängliche Wissensvermittlung zu gesellschaftlich relevanten Themen dienen der Bevölkerung sich weiterzuentwicklen und das Leben und die Existenz der Allgemeinheit zu verbessern und gerechter sowie gesünder und chancengleicher zu machen. Deswegen setzt sich der Verein für eine kooperative Zusammenarbeit innerhalb unterschiedlicher Gesellschaftsschichten ein.

Zweck des Vereins

Förderung der Kenntnis und die Wissenserweiterung, auch im Sinne von Bildung, in allen relevanten Bereichen, welche für eine friedliche und freie Gesellschaft ebenso relevant sind, wie für eine gesunde und intakte Umwelt. Auch die Förderung des Bewusstseins für umfassende Gesundheit in allen Bereichen des Lebens. Dazu gehören umweltbewusste und Ressourcen schonende Verhaltensweisen und Aufklärung zur bewussten CO_2-Verhaltensweise

- Förderung und Entwicklung der Qualität journalistischer Arbeit in allen Bereichen.
- Erforschung und Förderung des Wissens zu traditionellen Werten wie: Frieden, Harmonie, Ehrlichkeit, Fairness, Verlässlichkeit, Tugendhaftigkeit, Ehre, Gesundheit, Integrität, Respekt, Achtsamkeit, Spiritualität, Wertschätzung von Menschen, Pflanzen, Tieren, geistiger Werte und Kulturgütern. Sowie die Verbreitung und Weitergabe dieses Wissens und der Informationen zu diesen traditionellen Werten.
- Erforschung neuer Möglichkeiten der Publikation journalistischer Inhalte.
- Information über die Notwendigkeit, sich umfangreiches Wissen über die Qualität von Wasser, der Luft, dem Lebensraum, stabiler/vertrauenswürdiger Austauschsysteme und natürlichen, gesunden Lebensmitteln anzueignen, um für sich eine individuell förderliche Wahl treffen zu können.
- Dem Gemeinwohl dienen.
- Hoheitsrechtlich unbedenkliche, traditionelle Verwaltungsstrukturen zu fördern, welche sich an intrinsischen Werten orientieren.
- Förderung des Wissens über das Zusammenspiel zwischen Mensch und Natur.
- Förderung der freien Wissenschaft und Forschung und fachübergreifende Information auf dem Gebiet der Medien in allen Bereichen, sowie auf allen Gebieten des Journalismus.
- Erhalt der Wahlmöglichkeit zum Zugang zu Informationen.
- Sofern gerechtfertigte Interessen eingeschränkt werden, wird sich der Soufisticated e.V. für die Durchsetzung von Rechten und Ansprüchen seiner Mitglieder einsetzen.
- Der Soufisticated e.V. hat einen Beitrag zur positiven Entwicklung der Gesellschaft zu leisten und stärkt Menschen und Gesellschaft für zukünftige Herausforderungen.
- Er darf und soll Verantwortung im Bereich des Journalismus und der Bildung übernehmen.
- Zeitdokumente, Informationen und journalistische sowie Medieninhalte sammeln, aufbewahren und publizieren.
- Förderung und Erforschung der journalistischen Tradition.
- Der journalistische Austausch soll international gefördert und umgesetzt werden.

Unterstützung und Förderung

Jeder der diesen Vereinszweck unterstützen möchte, kann im Rahmen einer Fördermitgliedschaft dies tun. Anfragen zur Fördermitgliedschaft können per E-Mail oder postalisch gestellt werden:

Soufisticated e.V.
Tal 44
80331 München
E-Mail: contact@soufisticated.net

Wie ich Deutschland lieben lernte

Was mich geprägt hat – was mich antreibt

25.- Euro

von Serge Menga Nsibu
248 Seiten
ISBN 978-3-911834-04-9

Es waren genau drei Minuten und achtzehn Sekunden, die Serge Mengas Leben für immer veränderten. Anfang Januar 2016 lud der gebürtige Kongolese ein emotionales Video bei Facebook hoch, in dem er Klartext über die Ereignisse der Kölner Silvesternacht sprach. Millionenfach geklickt, gefeiert und heftig kritisiert, wurde Serge über Nacht zur Stimme all jener, die sich endlich verstanden fühlten – und gleichzeitig zur Zielscheibe von Kritik.

Doch hinter diesem viralen Moment steckt eine noch tiefere Geschichte: Serge Menga schildert in diesem Buch seine dramatische Flucht aus dem Kongo quer durch Europa, die schwierigen ersten Schritte in Deutschland und seinen Weg, ein überzeugter und engagierter Deutscher zu werden, der stolz auf seine neue Heimat ist.

Heute kämpft er als politischer Aktivist in Deutschland und Entwicklungshelfer im Kongo gegen Fluchtursachen und für echte Integration. Seine Überzeugung: Die eigene Meinung offen auszusprechen, ist heutzutage wichtiger denn je – auch wenn sie unbequem ist.

Serge Menga erzählt seine bewegende Lebensgeschichte und kontroversen Ansichten offen und unverstellt. Gemeinsam mit der erfahrenen Autorin Ursula Schnagl entstand ein fesselndes Buch, das Mut zur Wahrheit beweist.

KRASSER GURU

Mehr Informationen zu diesem Buch und zu weiteren Büchern unter **www.buecher.krasser.guru**